Ulrich Schaffer

In der Dichte des Lebens

Mit Fotografien
und Pinselgrafiken des Autors

HERDER
FREIBURG · BASEL · WIEN

Gedruckt auf umweltfreundlichem
chlorfrei gebleichtem Papier

www.herder.de
Alle Texte, Fotografien, Pinselgrafiken
und Layout: Ulrich Schaffer
Herstellung: fgb · freiburger graphische betriebe 2003
www.fgb.de
Umschlaggestaltung und Konzeption:
R·M·E München/Roland Eschlbeck, Liana Tuchel
Umschlagmotiv: © Getty Images
ISBN: 3-451-05431-0

In der Dichte des Lebens

Begleitbuch für alle Tage des Jahres

Man könnte es auch ein Andachtsbuch nennen. Ich versuche seit Jahren an jedem Tag ein Gedicht oder einen Text zu lesen und darüber nachzudenken. Dann fühle ich mich den Umständen des Lebens nicht ganz so hilflos ausgeliefert. Ich gewinne durch die Lesung eine Perspektive für das, was anliegt. Manchmal scheint das, was ich lese, nichts mit dem zu tun zu haben, was gerade in meinem Leben geschieht. Aber dann gibt es oft doch eine Verbindung, auf die ich von mir aus, ohne diesen Anstoß von außen, nicht gekommen wäre.

Wie bei den meisten meiner Bücher, vielleicht sogar bei allen, geht es nicht so sehr um das, was ich schreibe, sondern um das, was die Leserin und der Leser weiterschreibt oder weiterdenkt. Dies ist darum dein Buch. Wenn du Lust hast, kannst du den Platz, der auf jeder Seite zu finden ist, auch mit ein paar eigenen Worten füllen. Die werden dann für dich wichtiger sein als meine.

Ich glaube, dass sich das gesunde Leben zwischen Herausforderung und Ermunterung abspielt. Jemand, der nur herausgefordert wird, verausgabt sich. Auf Dauer können wir so nicht leben. Und jemand, der nur ermuntert wird, wird verwöhnt. Auch das ist auf Dauer kein Zustand. Wachstum geschieht, wenn wir beides erleben und ernst nehmen. Die Texte dieses Buches sind im

Gedanken an diese Spannung konzipiert. Ich wünsche mir, dass sie herausfordern und ermuntern.

In der Dichte des Lebens! Ich kenne keinen Menschen, der sich nicht zumindest gelegentlich vom Leben bedrängt fühlt. Es scheint manchmal so, als wenn alles zu eng sei, zu voll gepackt, zu unübersichtlich. Wir müssen uns durcharbeiten, durchkämpfen und dürfen dabei nicht hart werden und auch nicht den Mut verlieren.

Ich habe mir die Freiheit genommen, dich einfach zu duzen. Bitte verstehe es nicht als Ausdruck einer Distanzlosigkeit, sondern als das Angebot zu einem Miteinander. Wir sind viele, die an ihrer Vergangenheit arbeiten, die sich eine sinnvolle und erfüllte Zukunft wünschen. Ich rede mich in diesen Texten auch in erster Linie selbst an – vielleicht fühle ich mich darum mit dem „du" wohler. Ich schreibe nicht als Therapeut, nicht als Seelsorger und schon gar nicht als allwissender Autor, sondern als einer, der ebenso unterwegs ist wie du Leserin und du Leser. Wollen wir ein Stück Weg zusammen gehen? Ich habe Lust dazu.

Januar

Kein Tag im Jahr hat den Charakter des 1. Januar. Alles ist offen, die Möglichkeiten sind da. Und kaum sind sie da, beginnen sie sich schon wieder zu schließen. Gerade hast du daran gedacht, was du dir dieses Jahr wünschst, und schon kommt die Hoffnungslosigkeit, die dir den Weg zur Erfüllung deiner Wünsche versperrt. Woher kommt die Hoffnungslosigkeit? Gibst du ihr ständig ganz still und heimlich Nahrung?

1 Januar

Es gibt so manches, was wir wollen, ohne es wirklich zu wollen. Wir meinen es wollen zu sollen, wollen zu müssen. Nichts steht dem, was wir wirklich wollen, so im Weg wie ein Wunsch, der eigentlich nicht unser eigener ist. Austreiben eines Wunsches, der nicht unser eigener ist, vielleicht in einer Zeremonie.

Januar 2

Es kann regnen oder schneien

Es kann regnen oder schneien,
der Anruf kann kommen oder nicht,
das Geld kann reichen oder nicht,
der Erfolg kann überraschen
oder er kann ausbleiben,
unter allem oder über allem
bleibt dein Weg,
den du gehen musst.
Nichts hebt das auf.
Geh ihn bewusst,
weil du dich für ihn entscheidest,
und nicht, weil du keinen Ausweg weißt.

3 Januar

Wir sind ausgerüstet, in dieser Welt zu leben. Wenden wir das an, was wir mitbekommen haben, setzen wir es ein. Muten wir es uns zu. Die Herausforderung ist nicht zu groß.

Januar 4

Kann es ein, dass wir nicht wissen, was wir wollen, weil wir unsere Wünsche auf dem Altar des Liebseins opfern? Wir wollen durch unser Liebsein angenommen sein, wollen gemocht, geschätzt, geliebt werden. Wir wagen uns nicht zu wissen, was wir wollen, weil das in Konflikt kommen könnte mit dem, was die anderen von uns wollen. Aber lieben wir uns dabei noch?

5 Januar

Vielleicht ist es notwendig, einen Vorrat an Stille in uns anzulegen. In den Nächten, in denen du wachliegst, an langen Abenden, die du allein verbringst, bei Spaziergängen über Felder und durch leere Wälder, da lässt sich dieser Stillevorrat anlegen. Er hüllt uns in eine Sicherheit, weil Stille auch Kraft ist. Wir werden uns dann nicht mehr so schnell in der Hektik verlieren. In der Stille spüren wir uns selbst deutlicher.

Januar 6

Glück: eine Kerze anzuzünden und darüber nachzudenken, was an dir besonders angenehm ist. Und wenn du den Mut hast, dann rufe jemanden an und sag es ihr oder ihm, was du an dir magst. Dann feiere dich weiter bei der Kerze.

7 Januar

Sag explodierende Worte, singe grenzenlose Lieder, denke Gedanken, die die Verkrustungen zersetzen, erschüttere mit deinen Augen und beuge dich nicht unter der Peitsche der Frömmler. Komm, bau ein Haus ohne Dach, höre auf die stillen Stimmen, schweig, wenn man zudeckende Worte von dir erwartet, glaub Kindern, sieh den einzelnen, beachte das Kleine, verschließe deine Tür nicht. Wenn du erfüllt gelebt hast, wird der Tod eine Erfüllung sein. Wenn du leer gelebt hast, wird der Tod die letzte beängstigende Leere sein.

Januar 8

Auch wenn wir als Menschen in der Mitte stehen und zunächst nichts weiter haben als uns selbst, so müssen wir doch einen Punkt erreichen, wo wir begreifen, dass etwas über uns hinausgeht, und dass wir ein transzendentes Ziel haben, auf das wir bezogen sind. Vielleicht werden wir diesen Punkt nie erfassen oder benennen können. Das ist nicht so wichtig. Wichtig ist nur, dass wir uns selbst in einem größeren Kontext sehen. Erst dann sehen wir uns so, wie wir sind. Erst dann nehmen wir uns ernst. Erst dann sind wir nicht nur Materie.

9 Januar

Was wir glauben

In deiner und meiner Entscheidung
entsteht die Welt zu dem,
was wir glauben.
Wenn du den Wolf erwartest,
steht er an deiner Tür.
Wenn du den Hass nicht verstehst,
breitet er sich aus.
Wenn du Regeln übernimmst,
die du nie gespürt hast,
dann werden sie dich regieren
wie eine fremde Macht.

Januar 10

Das Kapitel ist abgeschlossen. Auch wenn du es immer wieder hervorholst, es ist abgeschlossen! Es wird noch weiter in dein Leben reichen, wie alle Dinge, die uns widerfahren sind. Und doch ist es abgeschlossen. Darin liegt sein Segen, und sein Angebot. Gerade weil das Kapitel beendet ist, nur deshalb. Und dazu musst du das loslassen, was du ohnehin nicht festhalten kannst, nur deshalb steht nichts weiter als die Überschrift des nächsten Kapitels auf einer weißen Seite. Das, was du jetzt eröffnest, ist etwas Neues. Es trägt das heutige Datum. Es ist weich wie Ton auf der Scheibe. Fängst du an zu schreiben?

11 Januar

Erst bist du, ehe du etwas bist. Vergiss nicht, dass du erst bist und dann erst entscheidest, wer, was und wie du bist. Zu schnell denken wir daran, was wir sind, oder sogar, was wir sein sollen oder meinen, sein zu sollen. Dabei vergessen wir zu feiern, dass wir sind. Dass es dich und mich gibt, das ist zunächst das Wunder.

Erlaube dir, auch mal zwischen Gefühlen zu stehen. Das eine Gefühl zieht gerade aus, und das andere ist noch nicht ganz eingezogen. Du kannst die Klarheit, die du von dir verlangst, noch nicht leisten. Diese Unklarheit gehört heute zu dir. Sei gerade darum gut zu dir und erwarte nicht etwas von dir, was du noch nicht kannst.

13 Januar

Es ist gut, dass manche unserer Ambitionen vergänglich sind. Was ich einmal wollte, will ich heute nicht mehr, und das ist gut. Es war auch gut, es damals zu wollen. Dass ich es damals nicht getan und nicht erreicht habe, ist Ausdruck einer tiefinneren Weisheit. Trotz aller Bewusstwerdung hoffe ich immer wieder auf diese innere Weisheit in mir, die manchmal am besten weiß, was zu tun ist.

Januar 14

Manchmal haben wir nichts anderes zu verschenken als unsere Not. Das kann unser größter Reichtum sein, weil wir so unsere Verwundbarkeit eingestehen.

15 Januar

Treibst du dich selbst in die Enge mit Versprechungen, die du dir gibst? Gibst du sie dir, weil du meinst, die anderen erwarteten sie von dir? Wehre dich gegen diese Festlegung, auch wenn sie von dir selbst ausgeht.

Januar 16

Oft sind die besten Fragen die, die keine Antworten suchen, sondern nur neue Fragen auslösen. Es ist die Art, wie wir fragen, die uns auf den Weg schickt, mehr als die Antworten. Antworten verschließen vieles, was eigentlich noch offen bleiben sollte, weil es erst der Anfang einer Sache ist. Es ist darum gut, den meisten Antworten zu misstrauen. Oft haben die, die viele Antworten haben, Angst vor dem Offenen, das auch zum Leben dazugehört.

17 Januar

Wachsen

Wachsen
in die Entschiedenheit freiwilliger Zuwendung,
in die Eindeutigkeit klarer Rede,
in die Direktheit des Auge in Auge,
in die Entschlossenheit, zu sich zu stehen,
in die Freiheit des Werdens,
in die Unsicherheit des Suchens,

und die Rolle des Gezwungenen und Gefangenen,
des Angekommenen und Fertigen,
des Vielbeschäftigten und Überbelasteten
loslassen,

um auf dem Wege der Reife weiterzukommen.

Das einzige, was du wirklich hast, ist diese Stunde. Diese Minute. Und was du jetzt entscheidest, wird alles bestimmen. Nie war es wichtiger, aus dem Schatten zu treten, als jetzt. Dies ist deine Chance. Jetzt will sich das Leben von einer Seite zeigen, die du noch nie gesehen hast.

19 Januar

Dir geht es schlecht, du leidest. Es gibt eine Zeit für Selbstmitleid. So findest du, dass du dir wichtig bist. Aber schnell ist die Zeit vorbei, weil du begreifst, dass du dich lieben kannst – und das ist viel mehr als Selbstmitleid.

Januar 20

Auf einem Hügel saßen mehrere Menschen und warteten, dass alles zu ihnen käme. Bald wurde einer müde und schlief ein. Ein anderer verlor die Hoffnung und glaubte nicht mehr daran, dass alles zu ihm kommen würde. Ein Dritter klagte die Welt an und beschimpfte sie. Nur einer war so sehr in seinen Gedanken bei den Menschen, und so stark war seine Sehnsucht nach ihnen, dass er wie in einem Wunder den Hügel verließ und die Menschen fand. So kam alles zu ihm, aber nur über seine Sehnsucht.

21 Januar

Fülle deine offene Hand mit Zucker. Jetzt versuche den Zucker zu halten, indem du deine Finger um den Zucker schließt und aus deiner Hand eine Faust machst. Der Zucker rinnt durch deine Finger, und am Ende hast du wenig Zucker in deiner Hand. Lass die Hand offen und halte nichts fest.

Januar 22

Vielleicht ist jetzt nichts so wichtig für dich wie zu erfassen, dass das Leben nicht aus Gegensätzen besteht, die sich bekämpfen müssen. Das Leben ist viel verschlungener, komplexer und differenzierter als alle Systeme und Muster, die wir entwickelt haben. Wir haben sie entwickelt, um das Leben einfacher zu machen, und wir merken, dass wir dabei das Leben selbst verlieren. Wir haben uns an Ideologien, Meinungen und Vereinfachungen verkauft und wundern uns, dass wir in ihnen nicht leben können, weil wir selbst mit unseren Eigenarten darin nicht vorkommen dürfen.

23 Januar

Ich ähnele dir

Ich ähnele dir.
Ich denke an gestern und morgen.
Ich sorge mich um Alltägliches –
die Rechnungen, die unbeantwortete Post,
das Missverständnis, das Altwerden.
In diesen Erwägungen
habe ich mir ein Haus gebaut
und lebe darin.
Ich bejahe es,
ein Mensch unter Menschen zu sein,
ohne die Welt retten zu wollen.
Ich bewege mich durch die Fragen und Antworten
und spüre die stille Harmonie,
von der ich getragen werde,
ob ich sie wahrnehme oder nicht.

Vielleicht wird alles einfacher,
wenn es uns gelingt,
nicht zu glauben, alles müsse einfach sein.

Manchmal müssen wir etwas vergessen, damit andere sich erinnern. Es kann sein, dass wir mit unseren Fähigkeiten, wie immer sie auch geartet sein mögen, verhindern, dass andere ihre Fähigkeiten entwickeln. Wir müssen menschlich werden, damit andere menschlich werden können. Es kann sogar sein, dass wir etwas tun müssen, was uns zunächst fremd erscheint, damit andere echter werden können.

25 Januar

Es gibt Tage, die scheinen zu nichts gut zu sein. Alles geht schief. Nichts hat Bestand. Niemand scheint uns zu verstehen. Aber auch dann ist es immer noch möglich zu reifen. Am Unverständlichen, an den Umständen, die uns so schwer fallen. Gerade an dieser Stelle entscheidet sich, ob wir leben oder gelebt werden.

Januar 26

Mutter Erde, Vater Himmel

Ich liebe dich, Mutter Erde,
und dich, Vater Himmel.
Von euch beiden stamme ich.
Mutter, du hast mich hineingeboren
in die Welt,
und Vater, du ziehst mich
in die andere Wirklichkeit.
Ich liebe euch für die Spannung,
in die ihr mich stellt.
Ihr seid die beiden Enden
des Bogens, der ich bin.
Mein Leben ist der Pfeil.

Manchmal trennt uns von anderen nur eine Meinung, die wir festhalten. Wir glauben und behaupten etwas, was andere verurteilt. Wir bauen die Mauer zu unseren Mitmenschen zuerst in unserem Kopf. Wenn wir dann später ihren Glauben und ihre Handlungsweise verurteilen, rechtfertigen wir oft nur, was wir vorher schon über sie geglaubt haben.
Wäre es möglich, eine Meinung loszulassen und noch einmal zu beginnen? Was würdest du verlieren, und wäre das wirklich so schlimm? Es ist doch nur eine Meinung. Du bist unendlich mehr als deine Meinung.

Januar 28

Was das Leben fördert und was es verneint, beginnt beides in subtilen Vorformen. Es schleicht sich ein, es macht sich in Wiederholungen bei uns heimisch. Es ist fast immer eine Frage der Würdigung oder der Vernachlässigung. Ich frage mich darum: Würdige ich das Leben durch meine Achtsamkeit, oder vernachlässige ich es, weil ich unachtsam bin?

29 Januar

Es ist nicht zu spät

Nichts
betont so
unsere Verwandlungsmöglichkeit
wie jeder neue Tagesbeginn.

Es wird hell,
trotz aller Wolken,
und du kannst wählen,
vorsichtig, aber mit Entschiedenheit.

Es ist nicht zu spät,
das zu lieben,
was ist, oder es zu verändern.

Januar 30

Könnte es nicht sein, dass alles, was er oder sie tut, nur der Versuch ist, der verzweifelte Versuch, gehört und gesehen zu werden? Es ist furchtbar schmerzhaft, unterzugehen und nicht zu zählen. Übersehen zu werden. Dagegen kämpfen wir alle – jede und jeder auf die ganz eigene Weise. Kann man es jemandem übel nehmen, der verzweifelt kämpft, dass er dabei auch gelegentlich um sich schlägt?
Auch sich selbst muss man es nicht übel nehmen, aber verstehen lernen, warum man so handelt. Daraus entsteht Vergebung, vielleicht sogar Liebe.

31 Januar

Februar

Wir werden immer wieder etwas an uns selbst nicht verstehen, weil es uns noch nicht bewusst geworden ist. Das ist keine Frage der Schuld. Erst wenn es uns bewusst geworden ist, sind wir dafür verantwortlich. Aber es gehört zum Menschsein dazu, bewusst zu werden, sich darum zu bemühen.

1 Februar

Wie nah ich mir sein kann

Auf meinem Handrücken
lese ich die Treue
meiner erhobenen Venen.
Bläulich
bewege ich mich in ihnen
seit vielen Jahren.
Sie kennen Geschichten von mir,
die ich schon vergessen habe.
In ihnen konzentriere ich
meine ganze Kraft.
Wie nah bin ich mir.

Merkst du, wie sich etwas in dir hebt? Wie bei einem Eisberg, bei dem die unteren sieben Achtel langsam nach oben kommen, wenn der Eisberg in südlichere Gewässer kommt. Die vielen Tonnen schweren Eises wollen nach oben. Dein Innerstes will gesehen und gehört werden. Das Eis will an die Sonne, will schmelzen. Alles Schwere will nach oben, damit es leicht werden kann.

3 Februar

Manchmal lässt sich das Glück nur finden, wenn wir unsere Vorstellung von Glück aufgeben, eine Vorstellung, die uns oft peinigt und einengt. Vielleicht ist es ja schon das Glück, diese Vorstellung endlich zu verlieren.

Februar 4

Ich lasse mich in die Enttäuschung fallen, durchlebe sie, lasse mich von ihr verletzen. Das ist leichter, als sie mir vom Leibe zu halten und so zu tun, als wäre sie nicht geschehen. Wenn ich sie durchstehe, bin ich eher mit ihr fertig. Dann kann ich weitergehen.

5 Februar

Vielleicht sind manche Katastrophen in unserem Leben nur dazu da, all unsere Energie auf eine Stelle zu konzentrieren, um selbst festzustellen, welche Reserven wir noch haben und wozu wir fähig sind. Die Zumutung des Lebens ist eine Zuwendung. Die Katastrophe kann gleichzeitig eine Konzentration sein.

Februar 6

Verwandlung

Du entstehst immer wieder neu:
aus einem Knäckebrot,
aus einem Stück Butter,
aus einem Apfel,
aus einem Salatblatt,
aus einem Glas Wasser.
Jede Verwandlung ist ein Wunder.
Da beginnt die Erleuchtung,
diese stille, unscheinbare.

7 Februar

Es gibt eine Trivialreligion. Sie hält die Fragen, die aus allen Antworten entstehen, zurück, weil sie uns die neuen Fragen nicht zutraut. Ich traue mir die neuen Fragen zu. Wenn es um die tiefsten Dinge geht, will ich nicht schon im Vorfeld anhalten, sondern in die Tiefe gehen. Ich bin es mir wert, dass ich mich herausfordere. Ich bin mir zu schade dafür, mich mit einfachen Antworten zu verwöhnen. Wir sind an unseren Fragen zu erkennen.

Februar 8

Mit der Leidenschaft, mit der wir einander suchen, werden wir uns selbst finden. Mit der Gleichgültigkeit, mit der wir uns selbst gegenübertreten, werden wir auch auf andere sehen, und sie verlieren.

9 Februar

Du hast Fehler. An guten Tagen kannst du das annehmen, an schlechten wehrst du dich dagegen. In dem Maß, wie du sie annehmen kannst, wirst du aufhören, die anderen anzuklagen. Es ist nicht so sehr die Erkenntnis, dass wir alle Fehler haben, die uns milder stimmt, sondern, dass wir uns durch das Annehmen aus dem ganzen Bereich der Schuld und Schuldzuweisung herauslösen.

Februar 10

Gott, das Leben, andere Menschen, sie halten manche unserer Wunden offen. Das fordert uns heraus, unseren Körper, unsere Seele, unseren Geist, uns selbst zu heilen. Die Heilung stärkt den Glauben. So kommen wir in Kontakt mit der eigenen Kraft – mit der ursprünglichen Göttlichkeit in uns. Jede offene Wunde ist darum eine Chance.

11 Februar

Hat es gestern nicht irgendeine Handlung gegeben, die dich ermuntert hat? Vielleicht war es deine eigene:

- Wie du entschieden auf ein Buch zugingst und es gelesen hast.
- Wie du aus dem Fenster geschaut hast und sich etwas in dir gerührt hat.
- Wie du telefoniert hast und der andere über deinen Anruf froh wurde.
- Wie du im Straßenverkehr jemanden vorgelassen hast.

Ist das nicht jedes Mal ein Anfang, etwas, worauf du bauen kannst, wenn du keine Hoffnung für dich hast?

Februar 12

Deine Träume sind ein Heiligtum. Verkaufe sie nicht. Lass niemanden mit ihnen handeln, sie ausbeuten. Und achte darauf, dass dir deine eigenen Träume nicht zurückverkauft werden, in der Werbung zum Beispiel, auf eine primitive und dich entwürdigende Form. Sie gehören nur in deine Hände. Deine Träume sind dein Ureigenstes.
Träume sind nicht in erster Linie dazu da, erfüllt zu werden, weder von uns selbst, noch von anderen. Sie dienen dazu, dass wir uns selbst durch sie kennen lernen.

13 Februar

Wenn ich ein Stück befreit werde, wenn ich mich erlösen lasse, wenn mein Herz weiter wird, wird immer auch ein Stück der Welt befreit, erlöst, geweitet. Und das ist nicht mathematisch zu errechnen. Etwa so: Weil ich ein Milliardstel der Welt bin, ist ein Milliardstel der Welt freier. Das ist zu vordergründig. Es hat Menschen gegeben, deren Befreiung noch tausend Jahre später andere Menschen befreit. Es ist nicht auszurechnen, was eine persönliche Erlösung und innere Weitung nach sich zieht.

Februar 14

Nicht durch Steigerung entkommen wir der Gewöhnung, sondern durch Reduzierung. Nicht das Größere, Höhere, Interessantere, Spannendere wird uns erretten – schnell muss auch das gesteigert werden, damit wir zufrieden bleiben. Das Kleinere ist es. Weniger ist mehr. Weil wir dann gründlicher, vorsichtiger, empfindsamer, mit dem Herzen beteiligter leben. Je mehr wir uns über die Kleinigkeiten freuen können, desto sicherer entkommen wir der Gewöhnung, und desto größer wird die Welt, die wir noch entdecken können.

15 Februar

Geh auf dich zu, als wolltest du dich viel besser kennen lernen. Du wolltest es doch schon so lange. Nimm dir viel Zeit. Gibt es etwas Wichtigeres?

Februar 16

Vor dir liegt eine Tür, durch die du schon lange gehen willst. Du vermutest hinter ihr eine größere Freiheit. Aber immer wenn du zu der verschlossenen Tür hinsiehst, steht ein Wächter vor ihr und schaut dich prüfend an. Noch nie ist es dir gelungen, den Wächter in einem unbeobachteten Moment zu erwischen und vielleicht eine schwache Stelle an ihm zu entdecken. Bis du entdeckst, dass du immer in einen Spiegel neben der Tür geschaut hast.
Wir selbst behindern uns.

17 Februar

Wir haben einmal gehofft, geglaubt, gewünscht, geträumt. Dann kamen die Enttäuschungen, und langsam haben wir unsere Hoffnung verloren. Wir haben uns angepasst und unsere Wünsche vergessen. Aber es gibt noch ein gefährlicheres Vergessen. Viele vergessen, dass sie vergessen haben. Sie haben nicht nur vergessen, was sie gewünscht haben, sondern auch, dass sie gewünscht haben. Sie haben vergessen, dass Wünschen und Hoffen unzertrennlich zum Menschen dazugehören. Mit diesem doppelten Vergessen zieht eine große Lähmung ein. Sie erleben sie nicht mehr als Lähmung, weil sie sie mit nichts mehr vergleichen können. Sie haben alles andere vergessen. Zu der Lähmung kommen der Zynismus, die Ironie und das Misstrauen.

Februar 18

Aufräumen mit den Alternativen, die eigentlich keine sind. Wir belügen uns selbst, wenn wir so tun, als wären wir glücklich mit Alternativen, die wir längst als leer durchschaut haben. Sie weiter zu bedenken und sie uns vorzustellen raubt uns Energie.
Diese Lüge hält uns ab von der einzigen wirklichen Alternative: lebendig zu sein.

19 Februar

Wenn du wirklich menschlich bist, wie die meisten von uns, dann kennst du das abgrundtiefe Misstrauen dir selbst gegenüber. Dann bist du gut darin, Schuld bei dir zu finden. Und schon erlebst du, dass Gott dich straft, oder das Leben, oder andere Menschen. Und ganz zu Recht, du hast es ja verdient, sagst du. Ich werde dich nicht freisprechen, das musst du selbst tun. Du glaubst es dir sowieso nur, wenn du dich selbst freigesprochen hast. Wie wirst du es anstellen?

Februar 20

Weil er sich selbst nicht schlecht macht, deshalb ist ihm zu trauen.

21 Februar

Denk daran, dass die Menschen auf dem Sterbebett nicht sagen: „Ach, hätte ich doch mehr Zeit im Büro oder sonst wo auf der Arbeit verbracht." Es ist schade und ein großer Lebensverlust, wenn erst der Tod uns deutlich machen kann, was wirklich wichtig ist.

Februar 22

Die, die uns lieben, führen uns letztlich immer zu uns hin und nicht weg von uns selbst. So können wir ihre Liebe für uns und unsere Liebe für andere prüfen. Wenn wir nicht zu uns selbst geführt werden, werden wir verführt. Wenn wir andere nicht zu sich selbst führen, verführen wir sie.

23 Februar

Manchmal haben wir Angst vor den einfachen Dingen, weil sie uns gelingen könnten. Und dann hätten wir keine Ausrede mehr, und müssten eine größere Verantwortung für unser Leben übernehmen.
Manchmal übernehmen wir uns selbst, damit wir scheitern. Durch unser Scheitern haben wir einen guten Grund, aufzuhören. Dies ist eine Form von Selbstbetrug, bei der man sich sogar noch gut fühlt, wenn sie einem gelungen ist.

Februar 24

Alle Einsichten sind nur Wege, nie Abschlüsse. Auf Wegen muss man gehen, nicht stillstehen.

25 Februar

Das Ziel liegt nicht außerhalb. Es ist nicht zu finden, indem du die Welt verlässt, in der du stehst. Es ist nicht heller und erkennbarer als das, was uns umgibt. Es zeigt nicht auf sich und sagt nicht: „Sieh mich an, ich bin das Ziel." Und am erschreckendsten ist, dass niemand anders dein Ziel erkennen kann. Es gibt nichts, das so maßgeschneidert ist wie dein Ziel. Darum kann ich jetzt auch nicht mehr darüber sagen, den Rest musst du tun. Fass es ins Auge.

Nichts hilft uns so, erwachsen zu werden, wie die Schwerhörigkeit Gottes.

27 Februar

Die Ausweglosigkeit mobilisiert ungeahnte Kräfte in uns. Ausweglosigkeit ist meistens eine Sache der fehlenden Fantasie, nicht der fehlenden Wege. Das zu glauben zeigt, dass die Kräfte schon am Wirken sind.

Februar 28

Wir sind gleichzeitig unser Ziel und der Weg zu uns selbst. Um mich zu verstehen und die Seiten von mir zu entdecken, muss ich den Weg gehen, den ich selbst darstelle. Ich, mit allen Fehlern und Begabungen, mit meiner Angst und mit meinem Glück, mit meiner Sorge und meiner Sorglosigkeit, bin der Weg, der zu mir führt. Viele suchen den Weg außen, sie suchen nach Weisen und Gurus. Aber jeder Weise wird uns immer wieder zu uns selbst schicken. Dass ich manchmal Angst vor diesem schweren Weg der Selbstverantwortung habe, sagt etwas über mich aus. Dass ich so lebe, wie ich lebe, und nicht anders, dass ich diese Freunde habe und nicht andere, dass ich meine Zeit so fülle, wie ich es tue, das alles verrät, wer ich bin. An all dem kann ich mich ablesen und kann den Weg zu meinem Kern, zu meinem Herzen finden. Durch das Leben selbst lüfte ich das Geheimnis meines Lebens, wenn ich bewusst werden will und mich danach ausstrecke.

29 Februar

März

Wir brauchen die Berührung, aber nicht nur die Berührung der Haut, die bei der Haut stehen bleibt, sondern eben die Berührung, die über die Haut hinaus zur Seele und zum Geist reicht, weil sie auch in der Seele und im Geist des Berührenden begonnen hat.

1 März

Ich will nicht der sein, der an den Teufelskreis im Leben eines anderen Menschen glaubt. Wenn ich an ihn glaube, mache ich ihn wahr. Ich bin beteiligt an der Ausweglosigkeit des anderen. Wenn ich nicht an seine Veränderung glaube, schmiede ich die Ketten, denen er nicht entkommen kann.

März 2

Du bist ärgerlich. Bleib dabei, aber richte deinen Ärger nicht nach außen. Wenn er sich gegen Menschen, Dinge, Umstände oder Gott richtet, bleibt er nicht in der Tiefe bei dir. Nur wenn er in dir bleibt und an Tiefe und Stille gewinnt, wird er sich in Energie verwandeln. Energie zum Leben hin.

3 März

Ich kenne einen Menschen, der keinen Menschen wirklich kennt, weil er Angst hat vor dem, was mit dem Kennenlernen auf ihn zukommen könnte. Und weil er niemanden wirklich kennt, meint er alle zu kennen. Er hat viele Freunde, denen er nichts sagen kann und die ihm nichts anvertrauen.

März 4

Du hast nichts zu geben. Dein Geld reicht gerade für dich. Deine Zeit ist voll, jede Minute hat ihre Pflicht. Deine seelische Kraft ist begrenzt, sie reicht gerade für die, die du liebst und die dich brauchen. Es wird nicht anders werden, so denkst du. Du hast nichts zu geben. Aber du hast dich zu geben. Denkst du daran? Dich zu geben erfordert kein Geld, fast keine Zeit, und wenn du dich erst mal daran gewöhnt hast, dann erfordert es wenig Kraft.

Du kannst dich geben in einem Blick, in einem Handschlag, in einem Wort, und schon allein in dem stillen Hören. Und wenn du dich gibst, wirst du am Ende immer mehr haben als vorher.

5 März

Es geschieht nichts von selbst

Ich beiße die Zähne zusammen,
ich klopfe an, ich sage nein,
ich verachte den Schmerz,
ich achte auf die Wolken,
die keine Grenzen kennen,
ich verbiete mir, auf die Wolken zu achten.
Es geschieht nichts von selbst.

Ich mache Pläne, ich verwerfe Vorbereitungen,
ich erlaube mir nicht, ich selbst zu sein.
Ich taste mich vor, ohne Kraft.
Ich begebe mich auf die Überholspur
und lasse meinen Glauben
hinter mir zurück, und dann wieder
halte ich an jedem Stück Glauben fest
mit der Entschiedenheit eines Verzweifelten.
Es geschieht nichts von selbst.

Und wenn dann etwas geschieht,
wie von selbst, dann weiß ich,
dass es eine Geschichte hat,
in der nichts von selbst geschah.

Manchmal haben wir nichts so wie das, was wir weggeben. Es ist das Loch und die Leere, die sich uns einprägen. Zurück bleibt die wahre innere Gestalt von dem, was wir verschenkt haben. Und diese Gestalt beschwert uns nicht, wie der Besitz, an dem wir hängen. So kann es sein, dass das Weggegebene wächst und das Festgehaltene schrumpft. Wenn wir alles loslassen, gehört uns die ganze Welt. So werden wir reich.

7 März

Es ist leicht, Fehler an anderen zu entdecken, aber sehr viel schwerer, mit diesen Entdeckungen so umzugehen, dass sie einer wirklichen Begegnung nicht im Wege stehen. Es ist immer schwer, durch gewisse Einsichten nicht Leben zu zerstören. Einsichten machen nicht nur weiser, sie können uns auch erbarmungsloser machen.

März 8

Das Leuchten eines Menschen beginnt da, wo er bei sich bleibt und konzentriert ist auf das, was er in sich trägt.

9 März

Manchmal können Worte, die wir wagen, Zustände aufheben, die unaufhebbar und unveränderbar schienen. Dabei geht es nicht darum, Worte zu wagen, sondern durch die Worte sich selbst und dem Gegenüber anzudeuten, dass man bereit ist, alles noch einmal neu zu durchdenken. Da hat die Hoffnung eine Chance.

März 10

Ehe du einen Menschen verurteilst oder auch nur negativ über ihn denkst, überlege, was er oder sie gelitten hat. Über den Schmerz und das Leid ist manch ein Mensch besser zu verstehen. Das soll nicht entschuldigen, wie dieser Mensch ist. Vielleicht hast du das Recht, über ihn oder sie ärgerlich zu sein. Aber ein Ärger, der versteht, ist kein endgültiger, vernichtender Ärger. Der Ärger, der mit Verstehen kombiniert ist, baut auf und kann helfen.

11 März

Eine Feder macht uns nicht zu einem Vogel, aber jede Verwandlung beginnt mit dem Gedanken an sie und mit der Sehnsucht nach dieser Verwandlung. Der Wunsch zu fliegen ist schon der Anfang des Fliegens. Der Wunsch zu lieben ist der Anfang der Liebe. Der Wunsch, sich selbst treu zu sein, ist der Anfang der Selbsttreue.
Der Anfang liegt im Kleinen, im Gedanken, im ersten Schritt, sei er auch noch so klein und ängstlich. Eine Feder in der Hand, ein Traum in der Seele – sie ziehen eine Wirklichkeit nach sich. Der Mut beginnt in dem konsequenten Gedanken und dem bewussten kleinen Schritt.

März 12

Er hört nicht auf sich. Das merken die anderen, und schon hören sie auch nicht auf ihn. Es gibt ganz unterschiedliche Arten, sich selbst nicht ernst zu nehmen und es auch auszustrahlen.

13 März

Ich bin nicht zu bändigen

Wenn du mich eingrenzen
und bändigen willst,
werde ich über dich hinwegspringen.
Ich bin nicht für die Enge eines Käfigs gedacht.
Ich lasse durch mein Herz keine Mauer ziehen.

Wenn du für mich eine Mauer baust,
ob du sie mit Liebe und Fürsorge
oder mit Drohungen und Strafen mauerst,
ist mir das egal,
ich werde sie einrennen
mit Kopf und Herz.

Wenn du versuchst,
mich mit Worten zu fangen,
werde ich die Buchstaben neu arrangieren,
so dass jeder deiner Sprüche mir Glück bringt.

Wenn du mir verbietest, unterwegs zu bleiben,
werde ich einen neuen Gang einlegen,
mich in die Pedale stellen
und über die Bergstraßen verschwinden,
damit du wirklich merkst,
dass ich nicht zu halten bin.

März 14

Wir alle geben eine Botschaft ab. Wir sagen etwas aus, etwas Grundsätzliches, was unsere Grundeinstellung zum Leben ausdrückt. Es ist nicht in Worten auszudrücken. Es ist nicht fassbar, weder für uns selbst noch für den, der aufnimmt, was von uns ausgeht. Und trotzdem ist es das, wofür man uns hält und dementsprechend man uns einordnet. Unsere Worte sind zwar im Moment lauter, deutlicher, verständlicher, aber der Eindruck, den wir machen, bleibt tiefer in dem Menschen haften. Wir können andere nicht fragen, wie wir auf sie wirken, weil das, was sie uns dann sagen, retuschiert ist und gefärbt durch ihre Bedürfnisse oder ihre Aversionen uns gegenüber. Die einzige Art, herauszufinden, was von uns ausgeht, ist die indirekte. So wie Menschen auf uns reagieren, so wie sie zu uns sind, so haben sie uns wahrgenommen und aufgefasst. Sie reagieren auf die stille Botschaft, die von uns ausgeht. Das muss ich ansehen, wenn ich wissen will, wer ich für diese Menschen bin.

15 März

In der ersten Lebenshälfte hast du dich gemüht, alles zu bekommen, zu gewinnen, zu erhalten, festzuhalten und so deinen Besitz zu bauen. Du hast allem, was dir gehörte, eine Prägung verliehen. Du hast der Welt deinen Stempel aufgedrückt. Wo du gegangen bist, hast du Spuren hinterlassen. Das war für dich ein Erfolgserlebnis. So entstanden nach und nach deine Weltanschauung, dein Glauben, dein täglicher Rhythmus, deine Moral, deine Freundschaften und deine Kollektionen an Besitz. Das war die so nötige Übung des Aneignens. Durch sie hast du dich heimisch auf der Welt gefühlt, du hattest hier eine Bleibe, umgeben von den Dingen, die deine Handschrift trugen.

März 16

Jetzt, in der zweiten Lebenshälfte, wird, wenn du weiter reifen willst, die andere Übung von dir gefordert sein: loszulassen, abzugeben und zu erleben, dass dir nichts gehört, nichts gehören kann, überall die Begrenztheit deines Einflusses zu realisieren und zu begreifen, dass nichts gleich bleibt, dass alles im Fluss ist. Erst wird es dir Angst machen, dir wird sein, als würdest du dein Leben weggeben, weil dein Leben an dem hängt, was dir gehört und was du glaubst. Es wird dir sein, als würdest du dir selbst in den Rücken fallen und dich verraten. Und wenn du etwas nicht loslassen kannst, wirst du das eigenartige Gefühl haben, dich selbst zu zerteilen und zu zerreißen, wenn du es dann doch loslässt. Und in dieser Zerreißprobe wird sich dein Leben erweitern.

17 März

Schrei des Lebens

Hinter allen Erscheinungen
gibt es das Licht der Erinnerung.
Ohne unser Wissen wissen wir,
dass wir glauben müssen.
Nicht an die Formeln,
nicht an die sprechenden Köpfe,
die Statements, die Schriften,
aber an den Schrei des Lebens in uns,
der sich gegen den Untergang wehrt
und den nur wir ersticken können.

Glauben
an unsere eigenen ersten Schreie,
an das alte Bild von der Blüte,
vom Samen und von der Ernte.
Glauben an die Wahrheit unserer Sehnsucht.

Du kannst dich weigern, ein schlechtes Gewissen zu haben, nur weil dir manches besser gefällt als anderes, oder weil du mit manchen Menschen besser reden und leben kannst als mit anderen. Oder du kannst einem schlechten Gewissen nachgeben und unecht leben. Wenn du zwischen den beiden Wegen gewählt hast, kannst du niemandem mehr die Schuld geben.

19 März

Das mag in der Mathematik stimmen: 1 + 1 = 2. Aber nicht, wenn man Menschen addiert. Darum reicht es nicht, Menschen zu zählen. Es ist besser, zu spüren, zu empfinden und zu ahnen, was passiert, wenn gewisse Menschen sich treffen. Lebendige Menschen zusammen = Feuerwerk. Aber nur, wenn nicht gezählt, sondern wenn gespürt wird.

März 20

An die Gerechtigkeit glauben

An die Gerechtigkeit glauben,
aber sie nicht erwarten,
als müssten alle sie kennen
und hochschätzen.

Sie leben,
still und verwegen,
von den Muskeln des Herzens aus
bis in die Spitzen der Finger,
ohne Verachtung der Ungerechten
und ohne Selbstgerechtigkeit.

Und das mit einem Feuer tun,
in dem die Gerechtigkeit und die Liebe
zu einem verschmelzen.

21 März

Es gibt Lieblingsgedanken, in denen wir uns bewegen, wie in alten ausgetragenen Kleidern und als hätten wir die Welt immer so gesehen. Wir wiederholen diese Gedanken in uns und auch anderen gegenüber. Kannst du dir vorstellen, einen dieser Gedanken loszulassen, vielleicht zunächst nur für einen Tag? Beobachte dabei, was sich an seiner Stelle tut. Vielleicht gibt es etwas, was über diesen Gedanken hinaus existiert, auch wenn der Gedanke so gut und endgültig wirkte.
Dies kann man auch üben mit einem Gedanken über einen anderen Menschen. Vielleicht kann der andere oder die andere so einem Käfig entkommen, in den wir ihn oder sie gesteckt haben. Immer wenn wir den Käfig eines anderen Menschen in uns öffnen, schenken wir uns selbst etwas mehr Freiheit.

März 22

Liebe ist nicht das Gefühl eines Moments, sondern die bewusste Entscheidung für einen gewissen Lebensstil.

23 März

Oft ist nicht was wir tun, sondern das, was wir nicht tun oder nicht mit uns tun lassen, die stärkere Aussage. Widerstand zu bieten, wo wir eingeplant werden bei der Zerstörung des Lebens, ist darum für mich eine Frage des Seins. Ich habe mich für das Leben und die Erhaltung des Lebens entschieden, und da, wo Konträres von mir verlangt wird, will ich mich schreibend, sprechend, denkend und handelnd widersetzen.

März 24

Die Welt ins uns will gehört und gesehen werden. Sie gehört zu uns. Sie bedient sich vieler Stimmen, die mit uns reden, die ein Mitspracherecht in unserem Leben wünschen. Wir aber nehmen diese Stimmen oft nicht ernst und lassen uns nicht von ihnen beraten und führen.
Bewusst werden heißt darum, die Stimmen in mir zunächst zu hören und dann besser zu verstehen. Bewusst werden heißt, meinen Ahnungen nachzugehen. Bewusst werden heißt, die Hintergründe aufzuschlüsseln. Bewusster zu leben heißt, meine uneingestandenen Bedürfnisse und Wünsche zu entdecken.

25 März

Du bist erwählt zu leben

Hier bist du,
hier ist das Leben.
Die Zeit ist
um die Welt gewunden,
ihr Schwanz und Kopf
enden bei dir.
Lass dich fallen
in die Gegenwart,
ohne Absicherung.

Es reicht aus
zu glauben,
dass du erwählt bist
zu leben.
Und es dann zu tun,
freiwillig und nicht
unter dem Zwang
des Todes.

März 26

Ich sah einen älteren Mann über ein Buch geneigt. Er schien selbstvergessen in die Lektüre vertieft zu sein. Ich dachte mir nichts Besonderes dabei, bis ich merkte, dass er das Blatt nicht umwendete. Im Vorübergehen blickte ich auf sein Buch und stellte fest, dass er eine leere Doppelseite aufgeschlagen hatte. In die war er vertieft, ohne sich zu bewegen. Er schien keinen Körper zu haben. Ich wollte ihn nicht beschämen mit einer falschen Frage und sagte nichts. Aber etwas später fragte ich ihn doch, was er denn lese. Er antwortete nicht sofort, ließ sich Zeit und sagte dann mit fester Stimme, die seiner Versunkenheit zu widersprechen schien: Ich lese mein Leben, mein ganz einmaliges Leben.
Überall kannst du dein Leben lesen.

Momente

Es gibt Momente,
die von so weit innen leuchten,
dass sie alles, was lebt,
miteinander verbinden
und Beziehungen herstellen,
wo sonst nur Einsamkeit ist.

Diese will ich erkennen,
aufnehmen und ausdehnen
durch den Glauben an sie,
ganz entgegen allen Behauptungen,
dass es sie nicht gibt.

März 28

Getraust du dich aufzuschreiben, was dich immer wieder verletzt und wie gerade deine engeren Freunde dir Schmerzen bereiten? Natürlich könnten sie anders handeln – sie könnten empfindsamer sein, genauer auf dich hören oder raten und ahnen, was du eigentlich willst. Aber sie sind so, wie sie sind. Sie merken oft nicht die Konsequenzen ihrer Handlungen. Aber du veränderst sie vielleicht nicht. Schreibe auf die Liste mit den Verletzungen: SO IST DAS! Wenn das Selbstmitleid vergangen ist, kannst du die Liste wegwerfen oder sie auch aufheben.

29 März

Unterwegs zu sein heißt, ständig etwas hinter sich zu lassen. Jeder Schritt nach vorn in einen anderen Raum und in eine andere Zeit heißt, dass wir genauso viel Raum und Zeit hinter uns lassen müssen. In dem Moment, wo wir stillstehen, öffnen sich nach vorn weder Raum noch Zeit. Wir wiederholen uns. Erst das Loslassen befähigt uns, vorn wieder etwas aufnehmen zu können.
Gelegentlich sind meine Buchregale voll. Ich habe keinen Platz mehr für neue Bücher. Erst wenn ich alte Bücher wegwerfe, kann ich neue an ihre Stelle stellen. Das Wegwerfen sowie auch das Weitergeben ist immer ein Abschiednehmen, aber damit bauen wir schon an unserer Zukunft.

März 30

Was ist genug? fragst du dich. Es gibt einen Mann, dem scheint nichts genug zu sein. Er sucht immer nach mehr. Er hat nicht genug Geld, nicht genug Zeit, nicht genug Liebe, nicht genug Sex. Er spürt immer einen Hunger nach mehr. Bis er begreift, dass etwas weniger, als er hat, eigentlich schon genug ist. Er kommt mit etwas weniger, als er hat, aus. Mit etwas weniger Geld, mit etwas weniger Zeit, mit etwas weniger Liebe, mit etwas weniger Sex. Er kann noch leben.

Seitdem hat er genug, er hat sogar mehr als genug. Und genau seit dem Tag wird das, was er hat, mehr.

31 März

April

Du hast die Erde mit deiner Gegenwart gesegnet. Glaubst du das? Mit deiner Ernsthaftigkeit, mit deiner Zielstrebigkeit, mit dem Mut, mit dem du gegen deine Angst angehst, mit deinem immer neuen Vertrauen, mit deinem Versuch, die Welt zu verstehen, mit deinem Glauben, mit deinem Staunen, mit deinem Kämpfen, aus deinem Leben etwas zu machen, mit deiner Ausdauer, die dich nicht so schnell aufgeben lässt, mit deiner Sehnsucht, mit deiner Hoffnung. Du bist ein Segen. Mache dich nicht klein und unwichtig. Du hast die Erde gesegnet mit deiner Gegenwart.

1 April

Was du fühlst, ist wesentlich. Was du denkst, ist wesentlich. Was du entscheidest, ist wesentlich. Für dich. Alles für dich. Es handelt sich um dein Leben, deine Gefühle, deine Gedanken, deine Willensentscheidungen. Und dann kommen andere und sagen dir, dass es unwichtig sei, was du denkst, was du fühlst und wie du dich entscheidest. Oder sie sagen dir, es sei nicht so, wie du es siehst, es sei anders. Und sie reden von einem fremden Leben, von ihrem Leben oder von einer Theorie, die sie gut finden. Und eine Seite in dir gibt ihnen Recht. Ja, es ist so, wie sie sagen. Wer bin ich schon?

So schnell geht es, dass du dich für fremde Anliegen einsetzt und dich selbst aus den Augen verlierst. Irgendwann später wachst du auf mit dem Gefühl eines großen Verlustes. Solange du diesen Verlust noch fühlen kannst, ist Hoffnung.

April 2

Eine Rose ist eine Rose. Eine Eiche ist eine Eiche. Ein junges Mädchen ist ein junges Mädchen, und ein alter Mann ist ein alter Mann. Eine Uhr ist eine Uhr, und ein Sessel ist ein Sessel. Aber all das ist auch viel mehr als das, was es ist. Es liegt an mir, allem einen Geist mitzugeben, eine Dimension, die alles, was ich sehe, höre und berühre, über das Materielle hinaushebt und es Anteil haben lässt am Transzendenten. Das ist keine philosophische Aussage, sondern einfach die Wahrnehmung, dass das ganze fassbare Universum eingebettet ist in das Unfassbare und Geheimnisvolle. Dort geht das Leben weiter. Was im Fassbaren begonnen hat, reicht immer ins Unfassbare. So gewinnen Dinge und Menschen ihren besonderen Wert, ihr Ambiente, ihre Geistigkeit. Und so wirken sie wieder auf mich und verwandeln auch mich.

Manchmal begegnet uns das, was wir mit unserem Mangel angezogen haben. Weil es uns fehlt, ziehen wir es an. In uns findet das zusammen, was zusammengehört. Und oft will das, was wir gefunden haben, auch gefunden werden. Das ganze Leben besteht aus Ergänzungen. Dadurch gehört alles zueinander, auch wenn mancher sich einsam oder unabhängig vorkommt.

April 4

Es mag zwischen zwei Menschen keine Verständigung mehr geben. Sie haben sich auseinander gestritten, auseinander gesetzt, auseinander geredet. Es mag sein, dass die einzige Möglichkeit zur Verständigung nur noch über den Schmerz geht. Könnten sie einander fragen: Wo und wie habe ich dir Schmerzen gemacht? Und könnten sie dann darüber reden und jeden Satz mit „Ich“ beginnen, ohne dabei dem andern etwas anzuhängen oder unterzuschieben – sie hätten eine neue Möglichkeit, einander zu verstehen.

5 April

Manchmal verliere ich eine Stunde

Manchmal verliere ich eine Stunde
oder einen Tag.
Ich dehne mich aus mit dem Universum
und gehe verloren.
Meine wichtigen Kleinigkeiten gehen unter
in den immer neuen Explosionen
in fernen Milchstraßen,
die bis zu uns reichen.
Ich verstehe nichts mehr.

Die Erklärungen marschieren
an mir vorbei,
als wären sie fremde Armeen,
aber ich hebe nicht den Arm,
ich grüße nicht.
Ich bleibe ein stiller Beobachter.

Irgendwann
schenkt sich die Stunde mir wieder.
Ich fülle sie mit Bedeutungen,
die mir in der Leere aufgegangen sind
und die wie kleine Kiesel in der Hand liegen.

Der endgültige Preis des unwahren Lächelns ist die Einsamkeit.

7 April

Es gibt einen Punkt, da kommen wir nicht umhin, genau hinzusehen in unserem Leben. Es kann sein, dass wir diesen Punkt oft verschoben haben, weil wir zu beschäftigt waren, zu blind, zu vordergründig verstrickt in Alltäglichkeiten. Es gelang uns nicht, genau hinzusehen. Aber dann kommt der Moment, gewaltig und unübersehbar. Ihn wieder zu verschieben würde heißen, ab hier das ganze Leben auf eine Lüge aufzubauen.
Der Moment, auch gerade in seiner Zugespitztheit, ist eine Einladung, die wir nicht ausschlagen können, ohne wirklich Schaden zu erleiden. Er entsteht in unserem Leben, weil wir fähig sind, mit ihm umzugehen. Dass der Punkt erreicht ist, ist ein Vertrauensbeweis des Lebens an uns.

April 8

Lachen ist eine gute Medizin. Aber es ist nicht immer leicht zu lachen. Zuviel hängt uns an – all die Unlösbarkeiten, das Unsichere unseres Lebens, der Verlust gewisser Freiheiten. Zu lachen wäre künstlich und unecht. Aber vielleicht ist es möglich, vorsichtig und zögernd zu lächeln. Es muss nicht gleich mit ganzer Überzeugung geschehen. Mit dem Lächeln gewinnst du einen kleinen Abstand zu dem Unlösbaren – es hält dich nicht mehr so fest. Du gewinnst etwas Raum zum Atmen.
Manchmal gelangt man nur über das, was man nicht ist, zu dem, was man ist.

9 April

Es gibt Zeiten, da ist es nötig, keine Blockaden mehr anzuerkennen. Da muss alles hinweggefegt werden, was sich uns in den Weg stellt – das Kleine und das Große. Jedes Hindernis muss als Verhinderung des Lebens angesehen werden. Da gilt es, nicht mehr zu warten. Zeit als Fluss hat keine Bedeutung, alles ist Moment. Da dürfen wir nichts mehr aufschieben. Da ist jede Ausrede nur ein Ausdruck von Mutlosigkeit.
Da will sich etwas deutlich zeigen, will Gestalt gewinnen und nicht länger unentwickelt und verborgen bleiben. Da entscheidet sich, ob unser Leben die Ausweitung erfährt, die es vibrierend lebendig erhalten würde.

April 10

Sag mal, was machst du eigentlich mit den Einsichten, die du dir teuer erworben hast? Die du durch Fehlschläge und Schmerzen begriffen hast vor einem Jahr oder auch schon vor zwei oder drei? Lebst du ihnen entsprechend, oder hast du sie vergessen? Musst du dich wieder in eine missliche Lage bringen, um wieder etwas Neues zu lernen?

11 April

Sieh

„Sieh“,
sage ich,
und verfalle
in die Blindheit,
die mir eigen ist,
wenn ich meine, dass ich dir
etwas Wichtiges zu sagen habe.

April 12

Das, was ungefüllt bleibt in unserem Leben, lässt uns Raum zur Bewegung. So wie eine Wohnung erst durch die Leerräume wohnlich wird, so müssen wir manches leer lassen. Leer lassen heißt, nicht alles voll stellen mit den Möbeln unserer Meinungen und Glaubenssätze. Etwas nicht zu wissen und offen zu sein, befreit nicht nur uns selbst, sondern auch die Menschen, die mit uns leben, die ebenso unvollständig sind wie wir. Wo Leere ist, kann noch etwas entstehen.

13 April

Es ist nicht zu früh, sich vorzubereiten für das Alter. Dies nicht erst mit 60 oder 70 tun. Jetzt wird das angelegt, was wir später einmal leben werden. Und was ich jetzt bewältige, begreife, wirklich verstehe und in mein Wesen aufnehme, das steht mir dann zur Seite, wenn ich älter und alt werde. Jetzt will ich die Fragen des Alters ansehen, jetzt will ich bedenken, was es heißt, alt zu werden und weniger zu können, vielleicht hilfloser, vielleicht sogar gebrechlich zu sein. So werde ich weniger Überraschungen erleben, mit denen ich nicht fertig werde. Jetzt will ich der Angst begegnen und nicht wegsehen.

April 14

Ich kenne einen Greis, dem das Leben Furchen ins Gesicht geschrieben hat, tief und unauslöschlich. Was er erlebt hat, steht auf seinem Gesicht. Er schämt sich nicht, ist sogar stolz auf den Charakter seines Gesichtes. Innen und außen sind bei ihm gleich. Der innere Reichtum drückt sich in den Falten aus.

15 April

Wir häuten uns

Wir schälen und häuten uns endlos.
Unter jeder Haut stoßen wir an Geheimnisse,
die zu uns gehören
wie unser Auge und unsere Hand.
Wir sind Leuchtfeuer und Schmerzfeuer.
Wir brennen und verbrennen.
Wir brennen und werden weiser.
Wir stürzen und kommen an.
Wir stürzen und zerschellen.
Wir glühen und leuchten.
Wir glühen und verglühen.

Wir sind anders, als wir dachten.
Wir werden immer anders sein.
Das ist das Geheimnis,
das ist die Haut unter der Haut
unter der Haut.
Was kalt war, glüht.
Was glühte, stirbt.

Und nichts hilft uns so beim Häuten
wie die Not.

April 16

Es gibt einen Kampf, der fast täglich in uns ausgefochten wird. Einerseits wollen wir bewusster werden, wollen wissen, was in uns los ist und warum wir gewisse Dinge tun. Wir wollen uns selbst begreifen und nicht immer wieder die gleichen Fehler machen. Wir wollen reifen und uns selbst weniger vormachen. Andererseits haben wir Angst vor diesem Wissen und vor der damit verbundenen Verantwortung. Wir tun alles, um diese Bewusstwerdung hinauszuschieben. Wir bauen gewaltige Theorien auf, ganze Weltanschauungsgebäude, wir beschimpfen die, die diese Bewusstwerdung in uns beschleunigen, wir leiden lieber weiter an uns selbst, um ja nicht an unsere tiefen Probleme herangehen zu müssen.

17 April

Es gibt einen Moment, da musst du dich selbst loslassen in deinem Versuch, dich selbst zu verändern. Da darfst du dich nicht mehr zerfleischen, weil du nicht anders bist, als du bist. Dieser Moment ist der Moment des Aufstehens, des Aufstandes. Du hast ein Bild von dir in dir getragen, das musst du jetzt loslassen. Es hat einen Sinn – und nicht nur für dich, sondern auch für andere –, dass du so bist, wie du bist. Der Aufstand liegt darin, dich für dich selbst zu entscheiden. Nicht im Sinne des Besserwissens, sondern im Sinne des Glaubens an dich selbst.

18 April

Unsere Einsamkeit. Wenn wir uns ihrer nicht schämen, und wenn es uns gelingt, sie wirklich zu erleben und auszuhalten, dann macht sie uns fähig, mit anderen zu sein. Je mehr wir in der Stille und in dem Alleinsein auf uns selbst stoßen, desto mehr entdecken wir auch, mit welch einem tiefen Respekt wir auf einen anderen Menschen zugehen müssen, wenn wir wirklich Kontakt wünschen. Es liegt daran, dass wir uns selbst und den ungeheuren eigenen inneren Reichtum entdecken und ihn und damit uns selbst mehr respektieren. Aus diesem Selbstrespekt und der Würdigung des eigenen Lebens werden wir den anderen Menschen respektieren und würdigen. Es beginnt in der Stille der Einsamkeit und in der Besinnung auf das Wichtige. Die Einsamkeit trägt uns selbst, wie auch den andern.

19 April

Manches ist nur durch Verzicht zu erreichen. Verzicht auf Harmonie, Verzicht auf gewissen Besitz, Verzicht auf Ansehen, Verzicht auf Sex, Verzicht auf Rechthaben, Verzicht auf Vorteile. Was wir nicht tun, öffnet uns die Türen. Was wir nicht sehen, öffnet uns die Augen. Oft liegt erst unter oder hinter dem Verzicht das, was wir eigentlich gesucht haben. Die, die nicht an Entsagung glauben und in ihr nicht einen Teil des Lebens sehen, sehen in dem Verzicht immer nur das, was sie verlieren. Sie sehen nicht, dass Verzicht nur der indirekte Weg zu einem größeren Überfluss ist.

April 20

Keiner meiner Wege ist bedeutungslos. Was ich auch tue, mitten in dem einen bereitet sich das andere vor. Ein Tag macht den anderen möglich, ein Gespräch das andere, ein Gedanke bereitet eine neue Haltung vor, eine Unterlassung trägt in sich schon die Fülle einer neuen Handlung. In jeder Wiederholung nähert sich das notwendige Ende, über das hinaus ich das Neue beginnen kann. Es liegt an mir, die Zusammenhänge wahrzunehmen und nichts zu entwürdigen, aber auch nichts als endgültig zu sehen und es über alles andere zu stellen.

21 April

Erinnerung

Ich kann dir nicht sagen,
was du nicht weißt.
Aber vielleicht
kann ich dich erinnern
an das,
was du wusstest
und verlegt hast,
als du erwachsen wurdest,
wie du meinst.

April 22

Hast du schon mal erlebt, dass Bilder rufen? Sie wollen ins Leben treten. Sie wollen nicht nur deine privaten Träume bleiben, sondern anfassbar und lebbar werden. Um das Rufen zu hören, brauchst du Stille und Zeit. Dann wagen sich deine Träume mit ihren Bildern wie schüchterne Wesen vor. Vorsichtig musst du sie ansehen und anhören. Achte darauf, wie konkret deine Träume sind. In ihnen ist meistens das, was du selbst und sofort tun kannst.

23 April

Auch unser Sterben hat einen Sinn. Das zu glauben ist vielleicht der größte Glaubensakt, der von uns erwartet werden kann, weil wir gegen unsere eigene Existenz daran glauben müssen. Aber vielleicht gelangen wir dabei über uns selbst hinaus, wie sonst nie, weil wir hier wirklich selbstlos sein können.

Vielleicht ist der Sinn unseres Sterbens, dass wir Platz machen, damit das Leben weitergehen kann. Könnte das unser Sterben erleichtern?

April 24

Dass jeder seine eigenen Schmerzen leidet, seine eigene Verzweiflung spürt und am Ende seinen ganz eigenen Tod stirbt, hat etwas seltsam Erschütterndes, aber auch etwas Reines und Befreiendes an sich. Eine jede und ein jeder lebt das eigene Leben. Das ist etwas Klares, Deutliches, und ich schließe daraus, dass ich und nur ich mir das Maß und die Zeit meiner Schmerzen und meiner Freude einteilen muss. Das macht mich frei, mich gegen die Bevormundung zu wehren, weil niemand, sei er mir auch noch so zugetan, niemand mein Leben erleiden und füllen muss. Auch befreit es mich von den Erklärungen, die ich manchmal meinen Mitmenschen schuldig zu sein glaube. Ich bin ein geschlossenes System. Das zu begreifen ist der Anfang jeder Kommunikation. Da beginnt jeder Ausbruch aus der Gefangenschaft in mir selbst. Für mich liegt in dieser Sicht des Menschen etwas, das den Menschen edelt.

25 April

Manche Gegensätze lassen sich nicht auflösen. Es ist keine Frage der Intelligenz oder des noch längeren Nachdenkens über sie. Jeder Auflösungsversuch ist eine Flucht vor dem Paradoxon, an dem wir leiden. Aber vielleicht leiden wir nur, weil wir meinen, alles müsse sich auflösen lassen. Ich stelle mir eine Gesellschaft vor, die gerade in der Unauflösbarkeit mancher Fragen ein Geheimnis sieht und darüber Glück empfindet, dass es noch Geheimnisse gibt. Die Menschen in dieser Gesellschaft würden nicht leiden, weil sie Unauflösbarkeit und Geheimnis als Bestandteile des Lebens verstehen würden. Was hält uns davon ab, die Welt so zu sehen?

April 26

Ganz tief in uns steckt die Tendenz, Gott immer weit weg zu denken, so dass er herbeigebetet und – gebettelt werden muss, als wolle er nicht kommen, als könne oder wolle er nicht hören. Nichts anderes ist das als der Ausdruck eines Misstrauens sich selbst gegenüber, so dass ein Mittler nötig wird. So entsteht die Religion mit all ihren Mittlern, mit ihren zwischengeschalteten Stellen, mit dem Apparat.
Die Mutigen reißen das Reich Gottes nicht nur an sich, sondern sie begreifen, dass sie bereits in ihm wohnen und dass sie das Reich Gottes inwendig in sich tragen und dass es sich zwischen ihnen und anderen Menschen und der restlichen Schöpfung ereignet. Gott ist nicht da draußen, sondern immer so nah, wie wir uns wagen, uns selbst nah zu sein.

27 April

Deine Sehnsucht nach dir

Nichts ist so schwer,
wie sich das eigene Leben
zu eigen zu machen,
und nichts so wichtig.

Hör nur die Sehnsucht,
die du nach dir hast,
aus diesem Wort.
Hör nicht den Druck.

April 28

Wie lange gehen wir noch die Wege, die uns jeden Tag ihre Leere beweisen? Sie haben ihre Bedeutung nur darin, dass sie uns dazu bringen sollen, uns gegen sie aufzulehnen.
Es gibt Wege, die wegen ihrer Leere wichtig sind. Die Sackgasse ist so wichtig wie die große Hauptstraße. Beide haben ein Ziel. Die eine führt uns schnell und sicher zu einem Glück, das wir uns vorgestellt haben. Die andere führt uns an das Ende, das wir nicht als Glück erleben, das uns aber ebenso zeigt, was wir wollen und was nötig ist. Zu entdecken, dass ein Weg nirgendwohin führt, ist auch ein Glück, weil wir endlich, endlich entdecken, dass wir etwas anderes versuchen müssen. Unglück ist es, die Augen zu schließen und in der Sackgasse die große Hauptstraße zu sehen und ihre Leere als Fülle zu beschreiben.

29 April

Unzertrennlich

Jemand trennt,
was für mich zusammengehört:
die Liebe zu einem Menschen
und die hitzige politische Diskussion,
das Entdecken einer Feldblume
und die Formulierung des eigenen Glaubens,
das Feiern einer Mahlzeit
und die Fastenzeit,
das Beten und das Arbeiten,
die Entrüstung und das Glücksgefühl,
das Erinnern und das Vergessen.

Alle Trennungen sind künstlich.
Sie sagen nichts aus
über die Dinge und Handlungen.
In den Gegensätzen
sehen nur die Kurzsichtigen den Gegensatz,
weil sie für die tiefere Einheit blind sind.

Wenn ich das eine tue,
ist das andere nicht weit weg.
Das eine lebt im anderen,
um es vor der Verirrung zu bewahren.

April 30

Mai

Mit Staunen

Vielleicht ist es das Staunen,
aus dem Dinge entstehen,
weit weg und ganz nah,
um uns und in uns.
Indem wir nichts
als selbstverständlich annehmen,
geben wir allem die Möglichkeit,
zu entstehen und sich zu wandeln,
über unsere Vorstellungen hinaus.
Auch den Menschen,
die sich schon lange nicht verändert haben.

1 Mai

Sprüche stehen dem Sprechen und Verstehen im Wege. Sprüche sind die Wirklichkeiten anderer. Auch dieser Gedanke bleibt die Wirklichkeit eines anderen, wenn du ihn nicht für dich füllst.

Mai 2

Mein ganzes Leben ist die gewissenhafte Arbeit eines Meisters, der in schier unendlicher Kleinarbeit ein Kunstwerk entwickelt, ohne je das fertige Werk vor seinem inneren Auge zu sehen. Es entsteht von Minute zu Minute, von Tat zu Tat, von Überlegung zu Überlegung. Jeden Tag arbeitet er, und es entsteht ein Wunder an Originalität, in Schmerz und Freude.
Und ich bin der Meister, so wie du Meisterin oder Meister bist. Spürst du das Kunstwerk unter deiner Haut, in deinen Gedanken, in deinen gewissenhaften Handlungen, in der Ausgelassenheit deiner Freude, in der Unnachahmlichkeit deines Schmerzes?

3 Mai

In unseren heutigen Entscheidungen ist die Zukunft schon gegenwärtig, auch wenn noch Jahre vergehen werden, ehe wir in ihr leben. Jetzt legen wir die Wege an, die wir später gehen werden.

Mai 4

Wenn es uns gelingen könnte, eine Art Schwergewicht in uns anzulegen, eine Festigkeit, als wären wir ein gewaltiger Felsbrocken, dann würden uns die täglichen Dinge nicht aus der Bahn unseres Lebens werfen. Wir würden aus der Berechenbarkeit dieses Gewichts leben, aus der Sicherheit, dass unsere tiefsten Entscheidungen und die Wahl unserer Werte unumstößlich sind. Wir hätten die Schwere, die Kontinuität schafft.
Aber dabei müssten wir darauf achten, dass wir nicht gefühllos und unbeweglich werden. Sonst würden wir unmenschlich und unnahbar sein. Es ist eine Gratwanderung zwischen Ruhen und Unterwegssein, zwischen Festigkeit und Beweglichkeit, zwischen Schwere und Leichtsein.

5 Mai

Bist du beteiligt?

Bist du beteiligt an dem Vergessen,
an der zudeckenden Stille,
an den nicht gestellten Fragen?
Hast du die Hand zur Faust gemacht,
taub gespielt gegen das Klagen,
weggesehen, als das Blut zu rot floss?
Hast du auf die Experten gewartet
und das Notwendige nicht mehr für möglich gehalten
und dich in deine heile Welt verkrochen?
Hast du Theorien entwickelt,
um nicht auf die harten Kanten zu stoßen,
und hast du die üblichen Sprüche nachgeplappert,
ohne sie zu untersuchen?
Hast du dich als zu arm empfunden,
zu begrenzt, zu alltäglich, um etwas zu verändern?
Du sollst nicht die Welt retten,
wohl aber deine kleine innere Stimme,
deren Deutlichkeit wachsen kann.
Das ist die Welt, die zu retten ist,
da fängt sie an.

Wir bringen uns selbst immer wieder an Grenzen. Wir sind Grenzwesen. Wir brauchen die Herausforderung der Grenze. Was wir haben, stellen wir in Frage oder bringen es manchmal sogar in Gefahr. Die Ziele, die wir erreicht haben, reichen uns nicht, und wir brechen wieder auf zu neuen Zielen. So bleiben wir lebendig. Wir wissen das und bugsieren uns darum immer wieder in diese Aufbruchssituationen, auch wenn wir sie nicht mögen. Etwas in uns weiß mehr, als wir wissen.

7 Mai

Einsamkeit sucht dich heim. Lass in der Einsamkeit und Stille das entstehen, was zu dir gehören muss. In dir entsteht etwas Kostbares, und das hat sich die Einsamkeit deines Lebens geschaffen, um entstehen zu können. In der Überfülltheit deines Lebens würde es nicht entstehen und schon gar nicht leben können. Es gehört dazu, dass niemand dich versteht. Lauf nicht davon, in das leichte Verstehen. Vergiss nicht, dass die Einsamkeit dich heimsucht. In dir wartet das Heim. Die Einsamkeit führt dich.

Mai 8

Es gibt sie schon überall – die neuen Menschen, die Menschen der Zukunft. Zwei Haltungen zeichnen sie aus. Sie sind sachlich und sie leben von Herzen. Ihre Sachlichkeit ist nicht eine mausgraue Alltäglichkeit, sondern eine Art Klarheit, die sie eindeutig, durchsichtig und anziehend macht. Sie gehen dem nach, was sie als richtig erkannt haben. Sie leben nicht aus dem Kopf, mit dem Verstand, der sich zu allem missbrauchen lässt, und sie leben nicht aus dem Bauch, weil sie um die Gefahr wissen, sich nur nach dem zu richten, was sie im Moment fühlen. Sie leben aus dem Herzen und von Herzen; mit ihrem ganzen Wesen, bei dem alles einen rechtmäßigen Platz hat und ausgewogen existiert.
In einem jeden von uns will dieser neue Mensch wachsen. In unserer Sehnsucht wird dies manifest. Aber manche von uns ersticken diesen Keim des neuen Menschen. Sie hängen stark an alten Mustern, denen sie sich verpflichtet fühlen und die sie nicht überwinden wollen. Der Kampf zwischen diesen beiden Lebensarten findet ständig statt.

Die dunklen Gewitter

Schwer verhüllt sich heute der Himmel.
Darum kann sich meine Seele
nicht aufschwingen
in das Glück des endlosen Blaus.

So neigt sie sich
gegen den Boden
und entdeckt
sich.

Wie schön und notwendig
sind darum die dunklen Gewitter.

Eine Frau quälte sich schon seit Jahren mit einer Tür. Sie ging immer wieder auf sie zu, aber sie hatte nicht den Mut, sie aufzutun. Sie besprach diese Tür mit ihren Freundinnen, aber ihrem Mann wagte sie nichts von der Tür zu sagen, weil die Existenz der Tür auch mit ihm zu tun hatte. Manchmal ermutigte sie sich selbst. Sie sagte Sprüche, an die sie glauben wollte. Sie versuchte verschiedene Schlüssel. Sie wurde still, aber die Tür blieb geschlossen.

Dann kam der Tag, an dem sie die Tür mit der Kraft ihrer Überzeugung endlich aufstieß. In dem Raum dahinter sah sie sich selbst sitzen: blühender, reifer, freier. Da lief sie auf sich zu und liebte sich. Manchmal tat es ihr leid, dass sie es nicht eher gewagt hatte.

11 Mai

Es gibt heute sicherlich viele „verlorene Söhne", vielleicht mehr als früher, weil wir uns getrauen, aus dem vorgegebenen Schema auszubrechen. Und natürlich gibt es viele „verlorene Töchter". Aber es scheint ebenso viele verlorene Väter zu geben, und vielleicht ist das noch gefährlicher. Im verlorenen Sohn spielt sich das Verlorensein immer auf dem Hintergrund einer tiefen Sehnsucht nach Leben ab. Diese Sehnsucht macht sich immer wieder bemerkbar. Der Verlust und Untergang im Leben des verlorenen Sohnes war nie endgültig, sondern immer nur Durchgangsstufe.

Gefährlicher ist es, ein verlorener Vater oder eine verlorene Mutter zu sein, weil das Verlorensein nicht zum Vater- oder Mutterbild gehört und darum bestritten oder überspielt wird. Väter und Mütter gehen nicht verloren. In diesem Selbstverständnis ist kaum Raum für die Sehnsucht, aus der alles entsteht, wenn sie stark und anhaltend ist. Der Vater, der sich nicht bewusst ist, dass auch er auf einem Weg ist, ist verloren. Er wird sich versteifen und sich mehr und mehr darauf zurückziehen, dass er weiter sei als seine Kinder. Und die Mutter, die nicht versteht, dass sie ein Glied in einer langen Kette ist, geht verloren. Sie wird richten, ohne zu verstehen.

Alles liegt in der Sehnsucht. Wenn sie fort ist, fehlt bald alles. Nur noch die Selbstgerechtigkeit bleibt.

Vielleicht ist es möglich, sich nicht über die Fehler anderer zu ärgern und sie dafür zu verurteilen, sondern dankbar dafür zu sein, weil wir diese Fehler nicht mehr machen werden, wenn wir sie so klar an anderen erkennen.

13 Mai

Wir wollen uns entfalten, es ist ein Wunsch, der zu unserer Definition des Menschseins gehört. Unsere Persönlichkeit entfaltet sich, indem wir wählen, wie wir leben wollen. Es gibt auch eine Art Entfaltung, die darin besteht, nicht zu wählen und andere wählen zu lassen. Aber die Entfaltung ist immer nur eine partielle Entfaltung – nur eine Seite unserer Persönlichkeit entwickelt sich. Auf Dauer ist das keine Entwicklung, sondern eine Verirrung, weil sie nicht ausbalanciert wird durch ihr Gegenteil. Nur in der Spannung zwischen Gegensätzen, die uns immer wieder zur Wahl zwingen, entwickelt sich eine reife Persönlichkeit. Wir können uns wenden, wie wir wollen, wir entkommen nicht der Verantwortung für unser Leben, wenn wir erwachsen werden wollen.

Mai 14

Stelle dir vor, dass du in einem gewaltigen Strom schwimmst, so wie in der Elbe nordseewärts von Hamburg. Du bist umgeben von unzähligen Tonnen Wassers, die alle auf ein verborgenes Ziel zuströmen. Das Wasser trägt dich und zwingt dich, sanft mitzuschwimmen. Über dir wölbt sich unendlich der Himmel, der sich manchmal in dem Strom spiegelt. Am Ufer siehst du Häuser vorbeigleiten, Menschen, Bäume.

So schwimmst du im Leben. Vertraue ihm. Es ist nicht gegen dich. Es nimmt dich mit zu seiner Mündung. Könnten wir es doch besser verstehen und begreifen, dass wir in dem Strom schwimmen, aber gleichzeitig der Strom auch in uns ist! Das, was uns trägt, tragen wir in uns.

15 Mai

Unendlich viel in unserem Leben hängt davon ab, ob es uns gelingt, an dem Materiellen, an dem Material, sei es Stein, Leder, Haut, Holz, Metall, Plastik oder sonst was, vorbeizusehen. Wir dürfen nicht an der Oberfläche haften bleiben. So schön und differenziert sie auch ist, wir müssen sie durchschauen. Dabei dürfen wir das Äußere nicht verachten – das Materielle hat seine eigene Würde und seinen eigenen Wert. Wir dürfen nicht auf es herabschauen, aber gleichzeitig dürfen wir uns nicht von ihm abhalten lassen, weiter und tiefer zu schauen.

Mai 16

Vielleicht liegt am Ende die ganze Kunst des Lebens nur darin, das zu deuten, was wir uns durch unsere Handlungen, bewusst und unbewusst, einbrocken, und nicht nur verständnislos vor dem Werk des eigenen Lebens zu stehen. Mit jeder Handlung verfolgen wir etwas. Mit jeder Unterlassung fügen wir etwas zu unserem Leben hinzu. An guten Tagen entdecken wir den roten Faden – vielleicht verfolgen wir ihn sogar mit Anstrengung und Willenseinsatz. An schlechten Tagen, manchmal sogar über Wochen und Monate, haben wir den Faden verloren und irren umher. Aber auch dann gibt es so etwas wie eine Kraft, die das zusammenhält, was geschieht. Es ist die Kraft unserer Sehnsucht nach dem Sinn für das eigene Leben. Sie müssen wir erhalten. Wer sie verliert, hat viel mehr verloren als nur den roten Faden des eigenen Lebens.

17 Mai

Es ist möglich, sich das eigene Leben immer wieder vorzunehmen, es nicht einfach nur so weiterzuleben, wie man es in den letzten Jahren gelebt hat. Es ist eine Entscheidung. Es ist ein Akt des Engagements. Das ist die eine Art zu leben.
Die Alternative ist, sich leben zu lassen, sich treiben zu lassen, und schicksalsgläubig zu sein. Man ist Opfer einer stärkeren Umwelt. Selbstmitleid füllt das Leben mehr und mehr aus.
Dann gibt es noch eine dritte Art. An sich geschehen zu lassen, ohne dabei ein Opfer zu sein. Wir lassen etwas an uns geschehen und sind doch ein verantwortlicher Teil des Geschehens. Es ist ein Stillhalten vor dem Leben. In dieser dritten Art ist die größte Ruhe möglich.

Mai 18

Opfer zu sein ist eine der effektivsten Methoden, den Mitmenschen die Schuld zu geben, ohne dafür zunächst angeklagt zu werden. Das Opfer macht durch die eigene Hilflosigkeit die anderen zum Opfer. Aber weil es durch die Hilflosigkeit getan wird, fällt es nicht auf. Uns zum Opfer zu machen ist ein subtiler Trick, die Verantwortung für unser Leben nicht übernehmen zu müssen.

19 Mai

Opfer zu suchen oder selbst Opfer zu sein ist eine Art Verzweiflungsakt. Die Handlung geschieht aus einem Zweifel an der Liebe. Wer an der Liebe als der Kraft, die Leben schafft, zweifelt, sucht nach einem Ersatz, und weil das Mitleid manchmal kaum von der Liebe zu unterscheiden ist, ist es leicht, das Mitleid zu wählen und zu meinen, man habe die Liebe gewählt.
Je moralischer und ethisch hoch stehender ein Mensch ist, desto anfälliger ist er für das Mitleid. Aber nur bis zu einem gewissen Punkt – bis da, wo das Mitleid als der ungeheuer gefährlicher Feind der Liebe entdeckt und entlarvt wird.

Mai 20

Höre auf den Weg

Höre auf den Weg,
er flüstert deine Füße an.
Schritt um Schritt
geht die Welt auf.
Die Zukunft entspringt
der rollenden Bewegung,
wenn du vom Hacken auf den Ballen
deines wandernden Fußes trittst.
An einem unsichtbaren Faden
holst du dich in den Himmel ein,
den du ahnst.

Dein Name
ist das Geheimwort,
umrankt mit Blumen und Schmerzen,
die beide in dir entstanden sind.

21 Mai

Sich unserer Größe als Menschen bewusst zu werden bedarf einer Entscheidung. Unsere Zeit spezialisiert und konzentriert sich auf die Niedertracht des Menschen. Kriege, Verbrechen, Ausbeutung und Verleumdung geben „gute“ Geschichten, eine spannende Presse. Dass aber heute, an diesem Tag, viele Millionen Menschen sich selbst zurückgestellt haben, um jemandem zu helfen, dass ebenso Millionen inmitten schweren Leidens nicht aufgegeben haben und weitere Millionen auf eine intensive Weise den Sinn ihres Lebens immer wieder neu entdecken und bestimmen, das gehört auch zu uns Menschen. Da leben die Heldinnen und Helden unserer Welt und bilden ein Energiefeld.

Gehörst du nicht schon längst zu ihnen? Denke an das, was du überwunden und durchgehalten hast. Gehe vorsichtig und zart auf deine innere Größe zu und ehre dich in aller Stille.

Höre nicht mehr auf die Verleumdung des Menschen. Sieh auf das, was Verleumder damit gewinnen wollen – Einschaltquoten, Verkaufszahlen. Das sind nicht deine Werte.

Mai 22

Du hast schon oft daran gezweifelt, dass die Liebe nur sanft und vorsichtig sein kann. Beleuchte die Härte der Liebe, ihre Kompromisslosigkeit. Befrage dich selbst und lass dich nicht einfangen von dem Argument des „Liebseins“, auch nicht durch dich selbst. Erinnere dich, wie du darunter als Kind gelitten hast, wenn du lieb sein musstest und nicht mehr ehrlich sein durftest.

23 Mai

Vielleicht ist alles Erwachsenwerden nur das Loslassen der Verwöhnung. Wir müssen die Irrwege entlarven, in denen wir uns nicht lösen wollen von unserer Kindheit und einer kindlichen Vorstellung von der Welt. Verwöhnung ist Verschleppung: Etwas, was gut war, wird unpassend und hält uns zurück. Jemand muss immer für uns da sein. Man muss uns unsere Wünsche von den Augen ablesen, sonst gibt es einen Trotzanfall. Die Verwöhnung von Erwachsenen ist ein Trotzanfall auf Jahre, vielleicht auf ein ganzes Leben verteilt.

Mai 24

Gott braucht nicht in unser Herz zu fallen. Er ist bereits da: mittendrin in den Gedanken um den Sinn, mittendrin in der kleinsten Tat, mittendrin in jeder Bewegung des Körpers, mittendrin in den Funktionen der inneren Organe, mittendrin in den Worten, die wir sammeln, mittendrin in den Zusammenhängen, die wir pausenlos herstellen. Nichts steht uns so im Wege, Gott zu erleben, wie unser Glauben, dass sich alles außerhalb von uns abspielt, anstatt mittendrin in dem Gewebe und der Entfaltung unseres Lebens.

25 Mai

Vielleicht ist nichts so nötig wie Mut, um das zu tun, was wir begriffen haben. Nichts weiter. Nicht neue Einsichten, nicht Kurse und Vorträge, nicht Bücher, nicht Lehrer und Weise. Nur Mut. Mut ist erlernbar. Wir müssen mit kleinen Schritten beginnen. Zwei Fragen können uns dabei leiten: Was tue ich, was ich eigentlich nicht tun will? Und was tue ich nicht, was ich eigentlich tun will? Was sind die kleinen Schritte, um das eine nicht mehr zu tun und das andere nicht mehr zu lassen?

Mit samtener Hand

Stille,
meine unvergleichliche Freundin,
welche Türen hast du mir schon aufgetan
mit samtener Hand!
Dass ich entdecken konnte,
wie du die Dinge im Herzen zusammenhältst
und welche Formeln
das Universum entwickelt,
die mich zugleich heimisch und fremd
sein lassen in dieser Buntheit.

27 Mai

Das geheime Rezept zum Wachsen: eine Prise Beharrlichkeit, ein Auge voll Beobachtung, ein Maß an Rastlosigkeit, eine Fülle an Sehnsucht, ein Spritzer Leidenschaft.

Mai 28

Ein jeder und eine jede von uns hat eine ganz eigene Geschichte. In dieser Geschichte wiederholt sich manches, anderes bleibt unverständlich. In der Geschichte kommt das Schwere und das Gute vor. Es ist eine schier unendlich lange Geschichte.

Kennst du deine Geschichte? Ihren ganz eigenen Rhythmus, ihre Schwere und Trauer, ihre befreiten Momente? Hast du dir Gedanken gemacht über die großen Zusammenhänge, die Wiederholungen, die Ernüchterungen, die Sackgassen? Verstehst du sie, oder leidest du nur an ihnen?

Manchmal versuchen wir unsere Geschichte von uns zu trennen. Wir tun so, als wäre das nur eine Geschichte, die auch wir, wie die andern, nur anhören. Aber das ist nicht so. Wir sind unsere Geschichte. Die Leitmotive unserer Geschichte sind Ausdruck unseres innersten Wesens. Wenn wir uns von unserer Geschichte distanzieren, verlassen und verleugnen wir uns selbst.

29 Mai

Nein sagen zu können hängt mit unserem Selbstwertgefühl zusammen. Sich zu verweigern, nicht mitzumachen, sich zu entziehen fordert meistens unser Gegenüber heraus und kann einen Menschen gegen uns stellen – und genau das zu ertragen fällt uns schwer. Wenn wir nicht sicher sind, was wir wert sind, willigen wir in etwas ein, was unseren Wert noch verringert. Aber mit jedem Nein, das nicht nur aus Ärger oder Angriffslust gesagt ist, fügen wir etwas zu dem Kern in uns hinzu, der uns beweist, dass wir uns etwas wert sind. Das ist die Kunst der Abgrenzung.
Vielleicht steckt hinter unserem Verhalten die Angst, uns selbst zu entdecken. Wenn wir nicht Nein sagen und das tun, was andere von uns erwarten, leben wir deren Vorstellungen für unser Leben aus, und damit sind sie dann auch verantwortlich für das, was mit uns geschieht oder nicht geschieht. Nein zu sagen macht uns verantwortlich für uns selbst, und das ist anstrengend.

Mai 30

Ich will nicht

Ich will nicht immer wieder
das Unmögliche erwähnen,
als würde ich gerne
an einer Wunde kratzen
und Blut fließen sehen.
Ich will es einfach loslassen.

Es ist kein Verrat,
wenn ich jetzt hier aufgebe,
um anderswo mehr Kraft einzusetzen.
Ich beende etwas,
um etwas Neues zu beginnen.
Im Versagen liegt unerkannt
das Glück des Neuanfangs.

31 Mai

Juni

Geben wir doch zu, dass wir echter, direkter, einfacher sind oder sein möchten, als wir uns oft geben. Wir haben gewisse Einstellungen und Haltungen angenommen, weil wir meinen, wir müssten es. Wir mögen eine gewisse Musik oder Kunst, weil es sich so gehört, und nennen alles andere Kitsch. Wir haben uns eine Abneigung gegen Gewisses angewöhnt, die nicht wirklich aus uns selbst kommt. Wir stellen gewisse Behauptungen auf, die man von uns erwartet oder von denen wir glauben, dass man sie von uns erwartet. Wir haben uns eine Art zu reden angewöhnt, bei der wir uns gelegentlich selbst zuhören können, weil wir nicht in unseren Worten sind und sie nicht von Herzen sprechen. Das alles ist zu unserem Stil geworden.

Aber darunter und dahinter sind wir so einfach und menschlich: auf der Suche nach Nähe und Zuwendung. Da wünschen wir uns Sinn und Glück für unser Leben. Da würden wir am liebsten wieder so einfach sein, wie wir als Kinder waren.

Ich will versuchen, auch meine Mitmenschen hinter all ihren Tarnungen als einfach zu sehen.

1 Juni

Menschenopfer

Wie ein Schlag in eine offene Wunde,
wie ein Wühlen im Blut,
ein Kneten der freigelegten Sehnen
und Zerren der Muskeln,
so ist das Hochhalten der Richtigkeit,
so entsteht der unheilige heilige Krieg
in Kirchen, Kapellen, Moscheen und Tempeln.

Noch immer werden Menschen für Papier geopfert,
für die schreckliche Härte der Paragraphen.
Es gibt kein Land, in dem nicht Blut fließt
für die Schatten des längst Vergangenen
und wo man versucht,
Menschen mit Silben zu füttern,
auch wenn sie an ihnen ersticken.
Und wo es Menschen gibt, gibt es Wortpanzer,
die immer neu dein und mein Erleben platt walzen,
als gelte es nichts gegen die Papierberge.

Was rettet uns vor den Alphabeten des Todes,
wenn nicht wir selbst mit Mut
unser Fleisch und Blut,
unsere Seele und unseren Geist,
uns selbst ernst nehmen.

Es gibt einen Reifeprozess, der tief und zurückgezogen in uns abläuft und den wir verraten, wenn wir zuviel über ihn reden. Manches reift in der Stille am besten. Das Reifende gewinnt so an Schwere und Substanz. Diese Reife ähnelt der eines Samens, der in der Erde liegt. Es sind die Dunkelheit und das Eingeschlossensein von der Erde, die die Voraussetzungen für späteres Wachstum herstellen. Würde man den Samen auf die Erde legen, er würde nicht zu einer Pflanze werden, sondern vertrocknen.

3 Juni

Unser Reifeprozess ist eng an die Zeit gebunden. Es ist die Zeit, die die Tiefe der Reife erzeugt. Sie lässt sich auf keine Weise beschleunigen. In einer Gesellschaft und in einer Zeit, in der alles schneller und schneller gehen muss, ist dies eine schwere Übung. Aber es ist lohnend, sich auf sie einzulassen. Was in Verborgenheit und Stille reift, ist etwas sehr Kostbares, das wir auf keine andere Weise gewinnen können. So wahren wir das Geheimnis, aus dem wir entstanden sind und immer wieder neu entstehen.
Die reifen Menschen in der Geschichte haben um diese Zurückgezogenheit gewusst und immer wieder aus ihr gelebt.

Juni 4

Wenn wir unsere Zukunft wählen könnten, würden wir wahrscheinlich die Erfolge unserer Vergangenheit wiederholen. Es sind darum gerade die überraschenden Verluste und die erschreckenden Niederlagen, die uns öffnen für neue Wege und Bekanntschaften, in denen wir uns verändern. Erfolgreiche Menschen werden oft gerade durch ihren Erfolg eng – sie spezialisieren sich auf eines und lassen alles andere, was es noch zu entdecken gäbe, links liegen.

Wenn es uns gelänge, gerade auch für unsere Niederlagen und Misserfolge dankbar zu werden, sie würden sich auftun und uns eine neue Welt offenbaren. Ohne die schwierigen Zeiten in unserem Leben wären wir nie zu den Menschen geworden, die wir jetzt sind.

5 Juni

Baustein

Lässt dich das nicht los,
was du einmal gewusst hast
und meintest festhalten zu müssen,
über seine gute Zeit hinaus?

Manchmal geht es nicht anders,
als das Alte zu verbannen,
es auszutreiben
und hinter uns zu lassen,
um es erst viel später
als Baustein zu begreifen,
ohne den das Haus,
in dem wir jetzt wohnen,
nicht stehen würde.

Juni 6

Es bedarf einer besonderen Art von Mut, an etwas vorbeizugehen, etwas links liegen zu lassen, etwas nicht auch sehen, hören, schmecken oder fühlen zu müssen. Es ist der Mut zum „weniger". Es gehört zu unserer Jugend, alles zu wollen, zu können, zu probieren. So öffnet sich uns die Welt, so entdecken wir sie und uns selbst.
Wenn wir älter werden, kommt es darauf an, dem in der Tiefe nachzugehen, was wir gewählt haben. Dazu kann gehören, dass wir in manchen Bereichen nicht mehr informiert sind, dass wir etwas nicht wissen, was vielen bekannt ist. Wir wirken dann nicht mehr so flott, so cool, so „up to date". Aber was in der Jugend Information und Wissen war, kann sich im Alter in Weisheit verwandeln. Im mittleren und fortgeschrittenen Alter weiter Information und Wissen nachzujagen und sie nicht in Weisheit umzuwandeln, das ist vielleicht ein verkappter Versuch, jung zu bleiben, auf Kosten der Reife.

7 Juni

Es geht nicht darum, wie ähnlich sich zwei Menschen in einer Partnerschaft sind, sondern wie gut sie aushalten, dass sie verschieden sind. Daran, dass wir verschieden sind, zweifelt kaum einer. Das ist ja auch, was uns angezogen hat und was uns lebendig erhält. Warum wollen wir es denn reduzieren? Wenn wir die Andersartigkeit des Partners wegwünschen und der Partner sich dementsprechend verändert, dann gibt es immer mehr, was wir noch verändern möchten. Die Wunschliste wächst. Dabei geht es letztlich nicht um die Veränderung des anderen zu seinem Vorteil, sondern wir wollen einander verändern, weil wir uns selbst damit das Leben erleichtern. Aber unsere Beziehung wird dadurch kleiner, vorhersagbarer und weniger dynamisch. Wenn wir aber andererseits an unserer Fähigkeit arbeiten, einander zu ertragen, dann erlauben wir mehr Möglichkeiten und werden selbst dadurch bereichert.

Juni 8

Es gibt eine Art Schmerz, der nicht aufhört, weil wir das noch nicht gelernt haben, was wir durch den Schmerz lernen sollen oder können. Oft versuchen wir den Schmerz zu beseitigen, anstatt von ihm zu lernen.
Der Schmerz ist der große Verbinder. Er verbindet uns mit dem Rest der Welt. Durch ihn entdecken wir eine größere Welt. Ich glaube, dass es in jedem Schmerz etwas zu lernen gibt. Dass wir es nicht tun, ist eine Art Verweigerung dem Leben gegenüber, die wir mit mehr Schmerzen bezahlen.

9 Juni

Es ist schwer, aber sehr wertvoll, wenn wir begreifen, dass sich das Leben im einzelnen, in dir und mir, am deutlichsten und fassbarsten ausdrückt. Wir sind geneigt, uns von der Fülle verführen zu lassen. Wir empfinden, dass mehr Variation tatsächlich mehr ist. Vielleicht ist das die Not unserer Zeit: Weil wir um so viele Menschen wissen, sogar anhand von Statistiken wissen, was sie denken, wie sie leben, was sie sich wünschen, meinen wir, dass der einzelne unwichtig ist gegen die ungeheure Anzahl. Wir gehen unter in dem oberflächlichen Kontakt, der zu vielen Menschen existiert. Es ist darum wichtig, dass wir uns immer wieder dem einzelnen Wunder zuwenden: uns selbst und einander, nicht der Menge, nicht den Umfragen und Hochrechnungen. So werden wir das Wunder des Ganzen fassbarer erleben. Der Zugang zum Wunder der Vielfalt führt meistens über das Wahrnehmen des Einzelnen.

Ich übe

Ich übe es,
meine kleine Welt
wie ein einzelnes Zimmer zu verstehen,
und zu staunen über seine Möbel,
über die Beschaffenheit seiner Wände,
über die Atmosphäre
zu verschiedenen Tages- und Nachtzeiten,
über die Aussichten aus seinen beiden Fenstern,
und mich zu freuen über das Klopfen an der Tür,
mit dem sich ein Mensch anmeldet,
um mich einzuladen
in das ganze Haus,
mit seinen vielen Zimmern,
die auf mich warten,
die auf mich hoffen.

11 Juni

Nur Wandlung erzeugt Wandlung. Die Frage ist darum immer wieder die: Wandle ich mich genug, wenn ich erwarte, dass ein Mensch oder die Welt sich wandeln soll?

Juni 12

Es gibt so etwas wie den Wunsch, das eigene Leben loswerden zu wollen, mit seiner ganzen Einmaligkeit, die zu einem jeden Leben gehört. Wir sind darum ständig auf der Suche nach etwas, dem wir unser Leben übergeben können: nach einem Menschen, nach einer Ideologie, einem Hobby, einer Leidenschaft, einer Tätigkeit, unserem Beruf. Wenn wir unser Leben erst mal los sind, dann sind wir nicht mehr verantwortlich für das, was wir tun. Dann haben wir die Ausflucht „Es geht nicht anders, weil …". Und damit bestimmt jetzt ein anderer oder etwas anderes unser Leben, und wenn dann etwas schief geht, ist das nicht unsere Verantwortung. Das ist der große Selbstbetrug.

13 Juni

Damals

Bei einem gewissen Wort,
vielleicht auch in einer bekannten Landschaft,
oder wenn du um die Ecke biegst
oder nur ruhig nachdenkst,
ist die Zeit plötzlich aufgehoben,
und alles steht wieder vor dir.

Damals hattest du einen Traum,
einen schüchternen, unbeholfenen,
aber an ihm hingst du
mit deiner ganzen Zuwendung,
die mit jeder Gefährdung wuchs.

Dann zerfiel der Traum,
und du konntest es nicht glauben.
Du kamst dir verraten vor.
Das durfte dir nicht passieren.

Aber vielleicht
sind die Stücke mehr als das Ganze,
das sie einmal bildeten.
Vielleicht werden wir nur
durch das Zerbrechen
wirklich heil.

Juni 14

Wir tun unendlich viel im Leben, um das Wagnis zu reduzieren. Aber jedes lebendige Leben wird immer Wagnis bleiben. Gegen manche Überraschungen gibt es keine Sicherheit. Wir versuchen uns Sicherheiten zu schaffen, auch wenn wir wissen, dass sie uns im nächsten Moment genommen werden können. Wenn es uns doch gelänge, in das Wagnis des Lebendigseins einzuwilligen, nicht unter Druck, sondern weil es zur Definition des Lebens dazugehört! So wie man nicht leben kann, ohne zu atmen, so auch nicht, ohne etwas zu wagen.

15 Juni

Ein unreifer Mensch sieht unendlich viele Möglichkeiten und meint, ihnen allen nachgehen zu müssen. Im Prozess des Reifens reduzieren sich die Möglichkeiten. In der höchsten Reife gibt es nur noch eine Möglichkeit – zu lieben. Dies aber kann auf fast unzählige, kreative Weisen geschehen.

Juni 16

Immer wieder wird unser Leben bestimmt durch Abneigung oder Zuneigung. Das ist natürlich. Aber gerade dieses Natürliche kann uns unser Leben aus der Hand nehmen. In dem Moment, wo wir sozusagen trotz unser selbst etwas leidenschaftlich bejahen oder verneinen, sind wir nicht mehr frei. Unsere Leidenschaft bestimmt uns. Wir haben das Steuer unseres Lebens aus der Hand gegeben. Das Erwachsenwerden besteht darum darin, nichts mehr leidenschaftlich zu tun, wohl aber von ganzem Herzen. „Leidenschaftlich" hier als etwas verstanden, was über uns kommt und uns bestimmt. „Von Herzen" hier verstanden als etwas, was ich wirklich will, was also bei mir beginnt und über das ich noch bestimme. Was wir lernen müssen, ist das Loslassen, die Gelassenheit, die aber nicht mit Indifferenz oder Gleichgültigkeit zu verwechseln ist. Nur was wir losgelassen haben, kann uns nicht mehr festhalten. Das ist schwer zu leben in einer Gesellschaft und Zeit, in der Leidenschaft als eine Tugend gesehen wird.

17 Juni

Aus uralten Zeiten tragen wir das Gefühl der Gefährdung und des Ausgesetztseins tief in uns. Wilde Tiere, Jahreszeiten, Naturkatastrophen, feindliche Stämme, sie alle konnten unser Ende bedeuten. Das ist eine Erinnerung, die wir in unserem Blut tragen. Darum wurde das, was sich bewährt hatte, fortgesetzt. Etwas Neues zu versuchen war immer ein Risiko.
Die bleibende Veränderung eines Menschen ereignet sich am ehesten dort, wo er sich sicher fühlt. Wünschen wir uns diese Veränderung bei einem anderen, nicht um ihn zu manipulieren oder um uns das Leben leichter zu machen, sondern aus selbstlosen Gründen, müssen wir den Menschen so lieben, dass er einen Raum der Sicherheit um sich spürt. Dann kann er sich verändern.

Juni 18

Es kann sehr passend und komfortabel sein, zu glauben, dass die Welt um uns unser Leben bestimmt. Aber nichts und niemand kann unser Leben leben, weder unser Glück noch unser Unglück, so wie niemand für uns sterben kann, wenn unsere Zeit gekommen ist.
Wenn es uns gelungen ist, unser Leben wegzugeben und es für uns leben zu lassen, dann können wir sogar schimpfen über Fremdbestimmung und über all das, was uns unfrei macht. Es klingt überzeugend, und mit der Zeit beginnen wir, es selbst zu glauben: Der Partner, die Kinder, die Eltern, die Umstände, das fehlende Geld, unser Alter – all das nimmt uns unser Leben. Die Liste ist endlos. Ganz tief darunter aber sind wir froh über die Unfreiheit, weil wir damit nicht verantwortlich für uns selbst sein müssen. Erst wenn wir diesen Selbstbetrug entlarven, können wir unser Leben in Besitz nehmen.

19 Juni

Es gibt Menschen, die sind gelangweilt von jedem und allem. Sie leben in Erwartung, dass sich alle und alles in der Welt so zeigen müssen, dass sie daran interessiert sind. Sie erwarten und sind nicht bereit, etwas zu geben. Was ich zu geben habe, ist meine Begeisterung für das Leben. Ich begeistere die Welt um mich, ich gebe ihr einen Geist. Ich begeistere auch mich – das heißt, ich gebe mir den Geist, mit dem ich lebe. Wenn ich der Welt mit einem Geist der Anteilnahme und des Dazugehörens begegne, dann ist nichts mehr langweilig. Und wieder einmal ist die Welt um mich so, wie ich entscheide, innerlich zu sein.

Juni 20

Kannst du andern erlauben, dir Mut zu machen? Vielleicht ist es für sie ganz wichtig, dir diese Tat zu tun. Und es mag für dich wichtig sein, dich so in ihre Fürsorge hineinnehmen zu lassen. Unsere Fähigkeit, etwas anzunehmen, ist auch eine Gabe, die wir andern geben können. Unsere Bedürftigkeit ist eine Tatsache. Dies zuzugeben ist ein Geschenk an unsere Mitmenschen.

21 Juni

Verwechslung

Auch ich warne dich
vor dem Untergang in Worten,
auch in meinen Worten
auf dieser Buchseite,
auf den Seiten von tausend Büchern
und in den Spruchblasen
von tausend Rednern.
Verwechsele die Worte nicht
mit den Dingen, für die sie stehen.
Ein Wort ist kein Ding.
Ein Mensch ist kein Wort.
Ein Satz ist noch kein Erlebnis.

Teuer bezahlen wir die Verwechslung.
Wir vertrocknen zwischen den Buchstaben,
wir essen den Staub der Alphabete,
bis die Welt schwarz-weiß wird.

Die Worte zu verstehen
heißt nicht,
schon zu leben.

Juni 22

Es ist gefährlich zu glauben, dass wenn man etwas vorhat, man es schon tut, nur weil man es vorhat zu tun. Eine Handlung, die geplant wird, ist mit der Planung noch nicht getan. Ein Wort, das man sagen könnte, ist damit, dass man es denkt, noch nicht gesagt. Eine Einsicht, die man sich vorstellt, ist damit noch nicht erfolgt und schon gar nicht gelebt. Man ist sich mit dieser Art zu denken immer selbst ein Stück voraus. Bis man im fortgeschrittenen Alter immer stärker merkt, dass das Vorhaben zu leben noch nicht Leben gewesen ist.

23 Juni

Viele Haltungen und Einstellungen werden dadurch, dass sie ihr vermeintliches Gegenteil in sich aufnehmen, gesund gehalten. Das Handeln bleibt im Meditieren gesund und das Meditieren im Handeln. Leidenschaft kann im Loslassen gesund bleiben. Sich-Verströmen kann im An-sich-Denken lebensförderlich bleiben. Diesseitigkeit wird durch Jenseitigkeit emporgehoben, und Jenseitigkeit bleibt durch die Diesseitigkeit im Leben verankert.
Es sind die Extreme, auch die positiven Extreme, die sehr oft Leben zerstören, weil sie das Korrektiv nicht schon in sich tragen. Wenn es dann von außen angebracht wird, gibt es einen Kampf. Wenn es sich aber schon gleich von innen als ein Teil des Ganzen versteht, wird es zu einer Ergänzung.

Juni 24

Manchmal gibt es nichts „Richtigeres", als einen Fehler zu machen. Vielleicht lernen wir nur so, dass es im Leben letztlich nicht um Fehlerlosigkeit, sondern um Lebendigkeit geht. Je weniger lebendig ein Mensch ist, desto mehr wird er an Fehlerlosigkeit interessiert sein und sie andern auferlegen. Sich auf die Fehlerlosigkeit zu konzentrieren ist eine Ausflucht, nicht die eigene Unlebendigkeit ansehen zu müssen.

Der Fehler hilft uns festzustellen, dass das Leben auch trotz unseres Irrtums weitergeht, dass wir weiter lieben und geliebt werden, dass Gott uns nicht mit einem Blitz niederstreckt, und dass unsere Mitmenschen fähig sind, uns zu vergeben. Vielleicht muss man sich am Ende dann fragen, ob der Fehler wirklich ein Fehler war oder nur eine trickreiche Weise, uns selbst wieder auf den „rechten" Weg zu bringen.

25 Juni

Es gibt eine ständige Unruhe in vielen von uns. Die Dinge, wie sie stehen, scheinen nicht ganz richtig zu sein. Es muss etwas verändert werden – wir müssen etwas verändern. So setzen wir uns selbst unter Druck. So sind wir unfähig, wirklich im Moment zu leben.
Es hilft mir zu wissen, dass auch die veränderte Situation wieder etwas zu wünschen übrig lässt. Der Zustand, den ich erhoffe, ist letztlich nicht erreichbar. Vielleicht geht es nicht darum, sich der Situation zu widmen und sie zu verändern, sondern den Ursprung der eigenen Unruhe zu finden und ihn anzugehen.

Juni 26

Im Alter scheinen es viele zu bereuen, den Kleinigkeiten des Lebens nicht stärker nachgegangen zu sein, sich nicht Zeit für sich selbst genommen zu haben und wirklich gelebt zu haben. Wir sind erfasst von einer Unsicherheit und meinen sie zur Ruhe bringen zu können, indem wir viel arbeiten und uns zweifelhafte Sicherheiten schaffen. Aber Unsicherheit ist eine innere Angelegenheit, die nur begrenzt durch äußere Maßnahmen zu beheben ist.

27 Juni

Gefühllos wie ein Stein

Heute ist es,
als fänden alle Nöte
den geraden Weg
zu deinem Haus.
Alles hat Löcher,
durch die der Sinn entschwindet,
wie durch ein Sieb.
Je wachsamer du bist,
desto mehr schmerzt es.
Da sehnst du dich,
gefühllos zu sein,
wie ein Stein,
nur von der Sonne erhitzt,
für die lange kühle Nacht.
Lass dich von keinen billigen Zusprüchen,
auch nicht deinen eigenen,
verführen, glücklich zu sein,
wenn du es nicht bist.
Auch die in Not Gefangene
hat ihre eigene Schönheit.

Wir richten uns. Es ist eine Form, in der wir mit uns selbst umgehen. Wir empfinden uns als nicht ausreichend, als ungenügend. Diese Begriffe kennen wir noch gut von der Schule. Wir richten uns, weil wir nicht richtig sind. Wir sind falsch. Wir gehen davon aus, dass es irgendwo Kriterien gibt, nach denen wir uns zu richten haben – gesellschaftliche, moralische, religiöse, zwischenmenschliche Regeln, denen wir uns unterwerfen.
Haben wir untersucht, woher die Regeln kommen, denen wir uns unterwerfen? Wem dient es, wenn sie befolgt werden?

29 Juni

Wir haben die Wahl

Du und ich, wir haben die Wahl:
uns für die Liebe zu entscheiden,
für die sanfte Hand,
die beim Aufbau des Lebens zupackt,
für den mitmachenden Blick,
für die Zuwendung, die angstfreie Räume schafft,
für dein und mein Wachstum,
wenn auch durch Schmerzen.
Es ist unsere Wahl.

Wir müssen sie treffen gegen die Gefühle der Schwäche,
gegen die Trägheit des Herzens,
gegen unsere Vordergründigkeit,
gegen alle gutklingenden Ausflüchte und Erklärungen,
die uns doch nur in die Einsamkeit führen.

Dazu brauchen wir den Mut zur Standhaftigkeit
gegen jede Zerstörung,
den Mut zur Festigkeit
gegen die Ordnung, die den Tod verbreitet,
und den Mut zur Entschiedenheit
gegen die Hoffnungslosigkeit,

den Mut, dein Leben so zu lieben wie mein eigenes
und mich in dein Herz aufnehmen zu lassen.

Juli

Du fragst, was du mit deinen träumenden Augen sehen kannst. Die Formen des Lebens, die noch einen Ausdruck suchen, das Ungelebte und Ungedachte, das seinen Weg in die Wirklichkeit finden möchte. Der Weg zu diesen Formen führt über das Träumen. Träumen heißt nicht, etwas zu sehen, was es nicht gibt, sondern dem zur Entfaltung zu verhelfen, was schon im Keim da ist.

1 Juli

Finden, was ich bin

Der schwache Vogel singt
und lässt seine Stimme nicht zuschütten.
Er singt nicht als Beweis,
nicht aus Zwang,
sondern weil er sein Lied ist,
von dem ihn nichts trennen wird.

Juli 2

Es ist nicht leicht, sich selbst durch die eigenen Augen zu sehen. Wenn wir an uns selbst denken, beginnen wir ganz schnell die Gedanken der anderen über uns zu denken. Vielleicht könnten wir lernen, einen Kreis um uns zu ziehen, einen Kreis der Kraft, wie er in manchen indianischen Kulturen existiert, und dann nur allein in diesem Kreis zu sein. Es ist ein Denk- und Sehkreis. Wir sehen in diesem Kreis nur das, was wir sehen, und wir denken nur das, was in uns entstanden ist. Alles andere lassen wir draußen. Dieser Kreis könnte ein Raum oder die Ecke eines Raums in unserer Wohnung sein.

3 Juli

Einsicht kann lähmen. Es gibt ein geistiges und geistliches Wachstum, das behindert. Unser Wissen kann uns vom Handeln abhalten. Jede Handlung trägt dann in sich schon die entgegengesetzte Handlung. Jede Überlegung relativiert sich durch eine neue Überlegung. Am Ende lohnt es sich nicht zu handeln.
Vielleicht steckt dahinter immer wieder der Wunsch, alles überschauen und verstehen zu können – eine Art Hochmut oder Sicherheitsbedürfnis. Zum mutigen Menschsein gehört jedoch das Wagnis, zu handeln, auch wenn wir nicht alles verstehen.

Juli 4

Ich wünsche mir in mir den Einklang zwischen Einsicht und Handlungsfähigkeit. Ich will in meinen Einsichten nicht weit voraus sein, sondern immer wieder darauf achten, dass ich das, was ich einsehe, auch lebe. Mehr zu sehen und zu verstehen, als wir leben können, zerreißt uns und schafft einen Abgrund in uns, mit dem wir auf Dauer nicht fertig werden.

5 Juli

Opfer der Sehnsucht

Unsere innere Gestalt
ist die verrückte Form
unserer unstillbaren Sehnsucht nach Leben.
Wir werden darum nicht ruhen können,
bis wir ewig leben
oder im Tod
das Glück und den Schmerz des Endes
wirklich fühlen.

So oder so
wird die Erlösung kommen,
die uns
trotz aller Sehnsucht
erschrecken wird.

Juli 6

Vielleicht wird es irgendwann einmal eine Generation geben (ist sie schon da?), die nicht mehr weiß, was sie empfindet und glaubt, weil sofort im Moment der Reflexion über den eigenen Glauben und das eigene Empfinden das emporsteigt, was gewünscht wird. Die sich nicht mehr danach richtet, was sie empfindet, sondern zuerst danach fragt, was passend oder effizient ist, was steile Aufstiegsmöglichkeiten in der Gesellschaft verspricht, was Eindruck macht, was „cool" ist.
Viele verlieren immer mehr den Kontakt zu ihren eigenen Gefühlen, Gedanken, Empfindungen und zu ihrer Intuition, weil sie so fixiert sind auf die Überlegungen und die tausend Spielarten, wie der Erfolg in unserer Gesellschaft zu erreichen ist. Dann wissen sie nicht mehr, dass sie etwas Einmaliges in sich tragen. Vielleicht werden wir bei allem Pluralismus immer homogener, weil wir immer stärker von dem ausgehen, was verlangt und gebraucht wird, und immer weniger von uns selbst. Dann werden irgendwann die Public Relations-Manager regieren. Vielleicht tun sie es schon.

7 Juli

Wir erliegen immer wieder dem Irrtum, dass Reife und Tiefe im Leben ohne Not zu erreichen sind. Oder wir meinen, dass uns die Not, die uns zur Reife führt, leicht fallen wird, weil sie uns zu Reife führt. Aber dann wäre sie keine Not mehr. Es ist der Charakter der Not, dass sie uns überrascht und hilflos macht, und dass nicht mehr ausreicht, was bisher immer ausreichend war, unsere Probleme zu lösen.

Es scheint auf einem alten Denkfehler zu beruhen: Weil das Endresultat gut ist (die Reife, die Vertiefung des Lebens, das größere Verständnis), darum muss auch der Weg dorthin ein „guter" sein, also ein erträglicher, auch wenn er schwer ist. So wollen wir das Schwere noch im Griff behalten. Aber gerade dann, wenn wir die Kontrolle aufgeben, beginnt die wirklich neue Einsicht.

Zu halten, was du dir versprochen hast

Ein Strauß Wiesenblumen,
gepflückt in einem endlosen Feld
von Sorglosigkeit.
Vielleicht kannst du dich daran erinnern,
wenn es wieder schwerer wird,
als man dir vorausgesagt hat.

Es geht um nichts anderes,
als das Fliegen nicht zu verlernen,
dich immer wieder aufzurichten,
zu atmen aus dem Geist deines Körpers,
ins Leben zu rufen, was du ahnst,
und zu halten, was du dir versprochen hast.

9 Juli

Wir wissen alle, fast ausnahmslos, dass nichts so zu unserer Reife beigetragen hat wie gewisse Nöte und Enttäuschungen, die wir verarbeitet haben. Warum fällt es uns dann so schwer, einander in Ehrlichkeit zu begegnen, auch wenn es manchmal Not und Enttäuschung auslöst? Ist es uns wichtiger, das Bild des „guten'" Menschen zu erhalten?

Juli 10

Wenn es uns gelänge, viel mehr des Schweren als zum Leben dazugehörig zu sehen, würde das Schwere viel von seiner zerstörenden Kraft verlieren. Was uns zerstört, sind unsere Erwartungen und Vorstellungen. Etwas kommt anders, als wir es uns vorgestellt haben, und dann können oder wollen wir nicht mit unserer Enttäuschung fertig werden. Das gibt ihr die Gewalt über uns.

Wenn wir das Schwere, die Hoffnungslosigkeit, die Kompliziertheit des Lebens, die Ungerechtigkeit immer mitdenken und ernst nehmen, dann ist jeder Erfolg, jeder Moment der Liebe, jede Zuwendung, jeder wahrgenommene Sinnzusammenhang ein Moment des Glücks.

Wieder einmal entscheiden wir durch unsere Sicht, wie wir etwas erleben, ohne dass wir die Umstände verändern. Das ist die beste Voraussetzung für die Veränderung der Umstände.

11 Juli

Wenn wir auf unsere innere Stimme achten, wird es meistens schwerer und nicht leichter in unserem Leben, weil viel in unserem Leben eingefahren ist, ohne dass wir auf diese innere Stimme gehört haben. Jetzt auf sie zu achten bringt Veränderung, die dann nicht selten schmerzhaft ist. Der Schmerz hat darum nicht in erster Linie mit der inneren Stimme zu tun, sondern mit ihrer Vernachlässigung.

Wenn die innere Stimme erst ihren rechtmäßigen Platz in unserem Leben eingenommen hat, dann kann es durchaus sein, dass es wieder leichter wird, weil wir dann direkter und offener leben. Aber weil das Zwischenstadium so anstrengend sein kann, darum wollen viele Menschen es erst gar nicht versuchen. So bleiben sie sich selbst ihr Leben lang fremd.

Es gibt viele überzeugende Stimmen in unserer Gesellschaft, die uns einreden, dass es gefährlich sei, auf die eigene innere Stimme zu hören. Sie alle haben etwas zu verlieren, wenn wir uns selbst ernster nehmen. Sie, und das können die engsten Verwandten sein oder die großen multinationalen Konzerne, die Kirche oder der Freundeskreis, sie können uns dann nicht mehr so leicht einbauen in ihre Systeme und Ziele. Wir merken dann, dass es nicht um uns selbst geht, sondern dass wir wieder einmal für die Zwecke anderer gebraucht werden sollen.
Wenn die Gefahr beschrieben wird, die dieses Nach-innen-Hören mit sich bringen kann, dann meistens durch eine einseitige Auslegung dieses Gedankens. Es wird gewarnt vor zu viel Subjektivismus. Erwähnt wird nicht die schier grenzenlose Tragik, wenn ein Mensch oder die große Mehrzahl der Menschen von außen geleitet wird, nach sehr zweifelhaften Kriterien, die jemand anders für sie entschieden hat.

13 Juli

Wenn wir nach innen hören, treffen wir da nicht auch auf allerlei Niederträchtiges? Ja, bestimmt, aber ist es nicht besser, es anzusehen und damit umzugehen, als es nur zu verdrängen und vorzugeben, dass es nicht da ist? Wenn wir uns besser kennen lernen, können wir auch lernen, damit umzugehen, und müssen nicht vor uns selbst Angst haben.
Und vielleicht lernen wir auch dabei, dass das, was zunächst so gut aussah, vielleicht gar nicht so gut ist und dass unsere dunklen Seiten vielleicht genau die sind, durch die wir unseren wichtigsten Beitrag in unserer Gesellschaft leisten werden.
Es waren immer die Unangepassten, die mit dem, was sie in sich gehört hatten, aneckten und auf Widerstand in ihrer Gesellschaft stießen, die aber doch die meisten positiven Veränderungen in unserer Gesellschaft eingeleitet haben.

Juli 14

Tu es nicht

Die Wege könnten dich herausfordern,
aber es könnten auch Irrwege sein.
Du verdrehst die Wegweiser vielleicht nur,
weil sie jemand vorher verdreht hatte.
Stimmen sie jetzt wieder?
Wer weiß es?

Nur wenn du gehst,
bewegt sich die Erde unter dir.
Nur wenn du unterwegs bleibst,
bewegt sich der Himmel in dir.
Still schmiegt sich die Hoffnung
oder die Verzweiflung bei dir an.
Du bist nicht ausgeliefert.
Du lieferst dich aus.
Tu es nicht.

15 Juli

Es ist eine alte hausbackene Wahrheit, dass man nur weggeben kann, was man besitzt. So ist es auch mit uns selbst. Wir können uns nur so weit selbst weggeben, wie wir uns haben und wie wir uns gehören. Ich glaube auch, dass wir das, was wir wirklich besitzen, was man uns auch nicht immer wieder strittig macht, gern weggeben. Das Problem mit dem Sich-selbst-Verschenken entsteht immer dann, wenn wir etwas weggeben sollen, was wir noch nicht haben und auch gern selbst erst hätten. Da werden wir überfordert, und dann entsteht eine Art von Doppelbödigkeit: Wir tun etwas, was wir von innen noch nicht wirklich füllen können. Wir zwingen uns, uns selbst ein Stück voraus zu sein, reifer, frommer, selbstloser zu sein, als wir es wirklich sind und sein können. Wir spielen eine Rolle, und das, was wir tun, wirkt manchmal unglaubwürdig.
Die beste Vorbereitung für die Selbstlosigkeit, für das Teilen und Sich-Opfern ist darum, wirklich an sich selbst zu denken und wirklich zu sich selbst zu kommen. Genau in dem Maße, wie uns das gelingt, wird es uns auch gelingen, uns selbst zu verschenken. Alles andere ist ungesund und haft oft zweifelhafte Konsequenzen.

Juli 16

Die Wahrheit mutet sich uns zu, auch wenn sie manchmal erschreckend ist. Das ist es gerade, was uns offener, größer, weiter macht. Wir haben die Welt gedacht, ihr einen gewissen Rahmen gegeben, festgelegt, wie sie ist. Und plötzlich erschrecken wir über etwas: Es mag mit uns selbst zu tun haben, mit Freunden, mit dem Verhalten von Menschen allgemein. Etwas passiert, was wir nicht mitgedacht hatten. Es überrascht uns so stark, dass es uns erschreckt. Das ist der Moment einer gewissen Wahrheit – unsere Welt wird weiter, auch wenn wir sie in dem Moment nicht weiter wünschen, sondern lieber in der Größe hätten, die wir kennen. Aber die Wahrheit mutet sich uns zu. Sie hält sich nicht an unser kleines Bild von ihr.
Wenn es uns gelingt, das Erschrecken zu ertragen und unseren Wahrheits- und Wirklichkeitsbegriff zu erweitern, sind wir gereift. Wir haben die größere Welt verstanden, und wir haben durch unser Verstehen die Welt vergrößert.

17 Juli

Wie kostbar du bist

Wenn dir überall Blockierungen
im Wege stehen…
wenn Worte zerstörend schmerzen…
wenn leere Stunden zu Ewigkeiten werden…
wenn das Erschrecken dir den Atem raubt…
wenn du so allein bist,
dass die ganze Welt feindlich erscheint,
wenn sich die Gedanken angstvoll verengen…
wenn es so kalt wird, dass du nur noch frierst…

dann wird es Zeit,
dass du deine Liebe zu dir selbst neu entfachst,
dass du dich an deine hohe Berufung erinnerst,
dass du dich als wertvoll erkennst
und dich ehrst als einen Menschen
unterwegs in die Reife.

Wie kostbar du bist!

Es geht nicht darum, Gott zu beweisen oder zu beweisen, dass es ihn nicht gibt. Das ist eine Frage des Glaubens und wird es trotz aller Beweisversuche auch bleiben. Aber weil wir die Frage nach Gott aufgeworfen haben und sie schon seit Jahrtausenden aufwerfen, immer wieder neu, jede Generation für sich und jede Kultur anders und doch gleich, darum müssen wir der Frage nachgehen – weil wir damit uns selbst nachgehen. Unser Selbstverständnis ist ganz eng mit dieser Frage verbunden. Wir sind die Spezies, die sich nicht zufrieden geben kann mit dem Äußeren, mit dem Vorläufigen und Partiellen – wir suchen immer wieder den Kontext, den großen Zusammenhang. Und dass uns das wichtig ist, ist wichtig. Uns so zu verstehen ist wichtig.

19 Juli

Wie ein Seiltänzer

Ich lese die Blicke eines Menschen
wie die Geheimnisse eines alten Buches.
Silbern fallen die Bilder von den Wimpern.
Ich ertrage nicht das übertriebene Lob
der Wahrheit,
als gäbe es sie irgendwo
festgeschrieben, erhöht, verklärt.

Ich ereigne mich in deinen Blicken,
und in meinen Geschichten findest du
eine Höhle für deine Nacktheit.
Das ist zum Anfassen wahr.

Der alte Gott,
dem es nie um Macht ging,
spielt sanft auf uns
wie auf Musikinstrumenten.
Seine Aquarelle leuchten auf unserer Haut.
Zwischen dir und mir spannt er Saiten,
auf denen er geht wie ein Seiltänzer.

Spiritualität ist nichts anderes als die Suche nach dem Kontext, in dem wir als Menschen leben. In dieser Suche stoßen wir immer wieder an Grenzen, oft sehr schnell. Wir versuchen diese Grenzen zu überwinden, wir wachsen über uns selbst hinaus und wachsen so in die spirituelle Suche hinein. Das ist, was uns glücklich und manchmal auch unglücklich macht.
Spiritualität so verstanden ist nie getrennt vom Leben – sie ist Leben. Es geht gerade bei der Spiritualität um Leben und Lebensqualität. Es ist darum seltsam und eine traurig-ironische Sache, dass für viele Menschen Spiritualität etwas Unwirkliches ist, das sie nicht interessiert. Es ist das Resultat einer Absplitterung und eines Verlustes von Integrität. Da, wo Spiritualität institutionalisiert wird, läuft sie Gefahr, vom Leben getrennt zu werden. Und dann ist verständlich, dass viele kein Interesse daran haben. Diese Form von Spiritualität hat tatsächlich auch nichts mehr mit ihrem Leben zu tun.

21 Juli

Wir können denken und sagen, dass wir keine Zeit haben oder dass wir sehr viel Zeit haben. Beides ist wahr, und eins scheint doch das andere auszuschließen. Wenn es in diesen beiden Aussagen tatsächlich um Zeit ginge, dann könnte nur eine Aussage wahr sein.
Aber es geht nicht um die Zeit, es geht um eine gewisse Einstellung. Wir haben eine Haltung und suchen nun nach Worten, um diese Haltung, die wir vielleicht sogar vor uns selbst verteidigen müssen, möglichst allgemein und harmlos auszudrücken. Wir wollen unsere Haltung nicht untersuchen, sondern sie hinter den Worten verstecken.
Wie bei so vielen Aussagen geht es um das Verdecken eines anderen Zustandes. Wir sagen eines, um etwas anderes nicht ansehen zu müssen. Und wenn wir es oft genug wiederholen, dann beginnen wir es selbst zu glauben und damit unsere formulierte Ausflucht zu verfestigen.
Keine Zeit zu haben oder viel Zeit zu haben heißt oft, nicht wirklich verantwortlich mit der eigenen Zeit umzugehen. Entweder ist sehr wenig oder sehr viel Zeit vorhanden. Wenn sehr wenig da ist, dann kann man eigentlich nichts machen, wenn viel Zeit da ist, dann ist es nicht so wichtig, wie man mit der Zeit umgeht. In beiden Fällen entlässt man sich aus der Verantwortung, die Zeit sinnvoll zu füllen.

Juli 22

Halten wir es aus, uns zu sagen, dass wir das, was wir lieben, nicht vernachlässigen und dass wir das, was wir vernachlässigen, nicht wirklich lieben? Oder wollen wir bei den Ausnahmen und Ausreden bleiben, die wir so schnell zur Hand haben?

23 Juli

Vielleicht ist es nötig, einmal ganz direkt zu sagen, dass hinter so manchem, was wir nicht tun und nicht konsequent angehen, wirklich eine einfache Faulheit steckt. Wir haben uns aber entschlossen, diese Faulheit nicht zu sehen, und haben darum wunderbare verständnisvolle Ausreden gefunden. Wir entwickeln Erklärungen, die alles auf eine geistige und psychologische Ebene heben. Da wird dann das, was wir tun oder gerade nicht tun, eine Sache des Naturells, der Urängste, der Vererbung, und damit darf es dann so bleiben. Wenn man die Erklärung gefunden hat, darf alles so weitergehen.
Vielleicht sind wir nicht böse, sondern manchmal faul und bequem. Das ist das kleinere, menschlichere, nur allzu verständliche Übel. Aber vielleicht hat gerade dadurch das Unheil, das oft klein beginnt und meistens nicht durch eine Tat, sondern durch eine Unterlassung beginnt, eine echte Chance, das Feld mehr und mehr zu übernehmen und zu diktieren, was geschieht.

Juli 24

Es wäre schade, wenn wir das, was wir können, was unser Naturell ist, vernachlässigen oder gar gering schätzen auf unserem Weg in das, was wir noch zu lernen haben. Der gesellige Mensch muss seine Kontaktfähigkeit nicht aufgeben, um zu lernen, allein sein zu können.
Es ist ein Balanceakt: Je weiter ich eine Seite entwickelt habe, desto stärker kann ich die andere verfolgen, weil ich gehalten werde von meiner starken Seite. Am Ende kann ich dann beides und bin ausgewogen, ohne „gegen" etwas in mir angegangen zu sein. Ich bin nur „für" etwas gewesen. Ich habe mich nie verkleinert, sondern nur vergrößert. Ich habe das Neue bejaht und das Alte nicht verneint.

25 Juli

Der Mann, der seine weibliche Seite entwickelt, muss seine männliche Seite nicht bekämpfen. Sie wird durch die Entwicklung seiner weiblichen Seite relativiert, aber nicht zerstört.

Der Mensch, der immer wieder den Zuspruch anderer braucht, muss sich nicht abrupt diesen Zuspruch verbieten. Wenn er aber lernt, in Momenten der Einsamkeit und des Auf-sich-selbst-geworfen-Seins sich das zu geben, was er braucht, ohne auf andere zu warten, wird er langsam die anderen weniger brauchen und damit freier von ihrem Zuspruch werden.

Die Frau, die darin ihre Stärke sieht, still im Hintergrund zu sein, muss sich die Stille nicht abgewöhnen. Aber sie kann ihre Fähigkeit entwickeln, das Wagnis einzugehen, sich sehen und hören zu lassen. Erst wenn sie beides kann, wird sie frei sein.

Programm

Ich möchte irgendwann
nichts mehr müssen
und alles können,
aber nicht unbedingt alles tun.

Ich möchte nicht gefangen bleiben
in dem, was meine Anlage ist, meine Begabung.
Ich möchte mich nicht endlos wiederholen,
als fehlte es mir an Mut und Kreativität.

Ich möchte aber auch nicht verzweifelt
immer wieder nach dem Neuen suchen,
als hätte ich Angst vor der Wiederholung.

Ich möchte wählen, wie ich leben will.
Ich möchte mich entscheiden
und mir nicht selbst ausgeliefert sein.
Ich will mich verändern,
bis zum Ende meines Lebens.

Ich will souveräner werden,
ohne mich dadurch über andere zu stellen
und den Kontakt zu ihnen zu verlieren.

27 Juli

Es könnte ja sein, dass es letztlich nur auf den Versuch ankommt, mit dem wir das Leben angehen, nicht auf das, was wir geleistet haben. Vielleicht macht uns unser unverschämter, nicht klein zu kriegender Versuch, aus dem Chaos etwas herauszuschälen, herauszuarbeiten, herauszulieben, herauszudenken, herauszugestalten, herauszuglauben, herauszuphilosophieren, menschlich. Vielleicht kommt es nicht auf den Erfolg an, mit dem wir etwas betreiben, sondern auf das Versuchen, das nicht aufgibt.

Juli 28

Es ist gut, davon auszugehen, dass nichts und niemand nur für mich geschaffen ist. Es geschieht kein Zwischenfall nur für mich. Nur für mich wächst kein Baum und blüht keine Blume. Die Zeit hält für mich nicht an, und kein Buch, das ich lese, ist nur für mich geschrieben worden.

Und doch, und doch… Und doch gibt es kein Geschehen, von dem ich nicht lernen kann. Ein einfacher Baum kann mich beglücken, und eine Blume kann mich erinnern, dass ich einen Platz im Zusammenhang der Dinge habe. Es liegt in mir, einem Buch, das ich lese, den Platz einzuräumen, damit es wirkt, als wäre es nur für mich geschrieben. Ich kann von jedem Menschen lernen, jeder Zwischenfall kann mich weiser machen, jede Begegnung reifer.

Dass die Dinge lebendig werden, dass ich die Gleichzeitigkeit bemerke, die dem Leben einen Zauber gibt, dass die Welt um mich immer mehr eine Stimme findet, die mich meint, die mich ruft, ist eine Sache, die ich in der Hand habe. Ich beseele die Welt. Ich entscheide, ob die Dinge mir etwas sagen und was sie mir sagen.

29 Juli

Beim Namen gerufen

In unserem Namen liegt ein Geheimnis.
Wir warten darauf,
bei unserem Namen gerufen zu werden.
Wir erkennen uns nicht
in den fremden Namen,
die man für uns gefunden hat.

Manchmal kennen wir selbst
unseren Namen nicht –
wir rufen uns an,
können aber nicht antworten,
weil wir uns verkennen.
Unser Ruf verhallt,
weil unser eigentlicher Name
ungerufen bleibt,
sogar von uns.

Jeder Buchstabe unseres Namens
steht für ein Geheimnis unseres Wesens.
Warte auf deinen Namen,
verliere dich nicht in fremden Namen.
Warte auf den Anruf.
Sei offen für das Geheimnis,
das du bist.

Es gibt wichtige Momente, in denen sich unser Leben entscheidet. Es sind Einschnitte, an denen wir begreifen und ahnen, dass wir uns entscheiden müssen. Manchmal kommen sie ohne Ankündigung, ohne Fanfaren und ohne besondere Gefühle. Vielleicht sprechen sie uns gar nicht in unseren Gefühlen an, sondern in unserer Entscheidungsfähigkeit. Da wird etwas deutlich, was wir vertuscht haben oder was zu schmerzhaft war und was wir darum nicht angesehen haben. Jetzt können wir nicht mehr daran vorbeisehen.
Es bedarf manchmal auch eines Energieeinsatzes, um diese sich anbahnende Erkenntnis in eine größere Bewusstheit zu heben. Wir müssen dann scharf denken und fühlen und etwas sehen wollen, sonst wird es uns nicht klarer. Es ist, als wenn man etwas aus einem dunklen Sacks ins Licht hebt. Man hat geahnt und vielleicht sogar gewusst, was im Sack war, aber man kannte seine Gestalt, seine Art noch nicht. Jetzt kann man es sehen.
Es sind diese Momente, die unserem Leben seine einmalige Gestalt geben, wenn wir uns ihnen stellen. Diese Momente lassen uns auch unseren Weg erkennen – die Spur, die bis hierher geführt hat und die in die Zukunft führt. In diesen Momenten entdecken wir, dass unser Leben nicht aus Zufällen besteht.

31 Juli

August

Wir können letztlich nicht mehr sein, als wir sind. Alles andere ist Angabe und Aufschneiderei. Aber zu tun, als wären wir weniger, als wir sind, ist Tiefstapelei. Auch das ist eine Art Angabe. Es ist einerseits entlastend und andererseits beängstigend zu wissen, dass wir so begrenzt sind.

Und doch sind wir auch mehr, als wir sind. Es gibt so etwas wie das Glück der Stunde – zu einer gewissen Zeit am richtigen Ort zu sein. Es gibt Momente, in denen wir über uns selbst hinauswachsen, nicht um anzugeben, sondern als Entdeckung der ungeahnten Kräfte, die in uns schlummern. Und vielleicht steht hinter jedem von uns ein Engel, der uns verändert, ohne dass wir es merken, und der uns mit dem begabt, was ein anderer nötig hat.

Wir sind wir selbst und gleichzeitig viel mehr als nur wir, weil wir Teil eines Größeren sind. Wir stehen in einem Zusammenhang, der seinen ganz eigenen Zauber hat, den wir nur ahnen können.

1 August

Es könnte ja sein

Es könnte ja sein,
dass Gott durch meinen Arm,
dann durch meine Hand
und endlich aus den Fingern hinaus
zu Menschen hinwachsen will,
um wieder in Gesichtern
Zuversicht zu erwecken
und so in die Welt zu wachsen,

um zu einem Banner zu werden,
zu einer Flagge der Heimkehr
eines jeden Menschen
zu sich selbst.

August 2

Das, was wir sehen, ist nie alles. Nicht an uns selbst, nicht an anderen, nicht an den Dingen, nicht an den Zuständen, nicht an den Rückblicken und Ausblicken. Wir sehen nur die Spitze des Eisberges. Die Entwicklung, die bis zu diesem Punkt geführt hat, ist meistens unsichtbar. Alles hat eine zusätzliche Dimension, eine Tiefe, die nur zu ahnen ist.

Wenn wir das immer mitdenken, wird das Unsichtbare manchmal sichtbar. Es entsteht in uns, als Mitempfinden, als Schau, als Zusammenhang und Wahrheit, und führt zu Verstehen und Geduld. So finden wir aus unserer Kurzsichtigkeit und Blindheit heraus. Auch aus der Blindheit für uns selbst.

3 August

Wo du gehst

Wo du gehst,
konnten deine Eltern nie gehen.
Was du glaubst,
werden deine Kinder nicht mehr glauben.
Was du siehst,
ist für deinen Freund unsichtbar.
Was du hörst,
hört sonst keiner.
Was du vergessen hast,
haben andere nie gewusst.
Was du erhoffst,
verstehen deine Bekannten nur im Kopf.

Spürst du das Glück
deiner Einmaligkeit,
und die stille schleichende Angst,
so einmalig zu sein?
Beides ist es,
Mensch zu sein.

August 4

Es gibt Tage, an denen wir von allen Menschen getrennt zu sein scheinen. Selbst die, die uns nahe stehen, sind uns nicht innerlich nah. Abgründe scheinen uns von ihnen zu trennen. Manchmal sind es auch nicht Abgründe. Es ist nichts Dramatisches, sondern es trennt uns nur eine graue Fläche, auf der nichts entsteht und nichts mehr zu existieren scheint. Diese Zeit ist von Energielosigkeit gekennzeichnet. Es reicht noch nicht einmal zum Ärger in uns, zum Ärger über die Unverständigkeit der anderen, über ihre Vordergründigkeit, ihr Desinteresse an uns, ihre Geschäftigkeit, mit der sie ihr Leben anzufüllen scheinen. Für den Menschen des Sinns und der Ordnung ist es schwer, diese Tage anzunehmen, weil sie in ihrer Sinnlosigkeit wie eine Verletzung sind. Aber vielleicht ist ihr tiefer Sinn: uns wieder einmal mit der Sinnlosigkeit zu konfrontieren und uns einer scheinbaren Zufälligkeit auszuliefern. Diese Sinnlosigkeit gibt uns eine Perspektive für den Sinn.

5 August

Wenn das Zwischenmenschliche seinen Sinn für uns verloren zu haben scheint, können wir manchmal wieder über die Welt der Dinge ins Leben finden. Die Dinge, die uns umgeben, ein Tisch, ein Stuhl, ein Buch, das Bild an der Wand, eine Vase, ein Fotoalbum, ein Kleidungsstück, Freundesbriefe, eine Kamera, der Baum im Garten, sie alle können uns helfen, unsere Sammlung wieder zurückzugewinnen. Dinge können uns näher sein als Menschen. Ihre Unveränderlichkeit mag uns den Halt geben, den wir suchen und brauchen. An den Dingen können wir auch unsere Liebe wieder üben, die wir vielleicht Menschen gegenüber verloren haben. Dinge erinnern uns auch an das, was war und unserem Leben Sinn gegeben hat. Sie stellen die Verbindung zur Vergangenheit her und damit auch zur Zukunft.
Ich erlebe es als beglückend, von Dingen umgeben zu sein, die zu meinem Leben dazugehören und wertvoll sind, weil ich sie beseelt habe.

Wir leben in einer Gesellschaft, die vieles weitgehend vereinfacht und in uns die Vorstellung schafft, dass das Schwere etwas Unnormales ist. Von dieser Vorstellung geht eine zerstörende Wirkung aus, weil sie unser Bild von der Wirklichkeit verdreht und uns das Empfinden gibt, alles müsse einfach sein.

So entsteht eine Art Feindlichkeit allem Schweren gegenüber. Anstatt uns zu ändern, erwarten wir vom Leben, dass es „nicht so ist", wie es ist.

So entsteht die Einstellung, dass die Wirklichkeit uns eigentlich nicht zuzumuten ist. So wird die Verwöhnung immer weiter ausgebaut, und wir schaffen uns alternative Wirklichkeiten, aus denen wir nicht mehr herausfinden: ein romantisches Verständnis der Welt, virtual reality mit Hilfe von Computern oder eine Wirklichkeit, in der Gott alles zum Guten wendet und wir selbst nicht mehr gefordert sind.

7 August

Hinein ins Leben

Nimm uns die Verstecke,
nimm uns die Lügen,
nimm uns die Fluchtmöglichkeiten,
damit wir nicht mehr weg können
aus der herben Wirklichkeit,
in der wir echt bleiben
ohne den Kitsch einer zweifelhaften Liebe,
ohne die Süßlichkeit unserer Frömmigkeit
und ohne den Gott der Technik und Elektronik.

Wir wollen wieder den Mut aufbringen,
der Wirklichkeit zu begegnen.

Getraust du dich, glücklich zu sein? Oder hast du sofort eine stille, fast unbewusste Angst, dich dann der Willkür des Schicksals besonders auszusetzen? Es gibt viele Menschen, die meinen, dass sie durch ihr Glück das Unglück anzögen, weil sie kein „Recht" auf Glück hätten. Um dies zu verhindern, werden sie darum lieber erst gar nicht glücklich – dann kann sie das Unglück nicht überraschen. Sich getrauen, glücklich zu sein, ist nicht nur eine Frage der Umstände, sondern ebenso sehr eine Frage des Muts. Finde etwas in deinem Leben, über das du glücklich bist, und sei es – zeige es dir und, wenn es passt, auch anderen. Und dann achte darauf, wie das Glücklichsein sich ausbreitet.

9 August

Manches wird meinem Leben nicht mehr passieren, aber ich weiß nicht, was das sein wird. Vielleicht werde ich meine Mutter nicht mehr lebendig sehen. Vielleicht werde ich Beethovens Siebte nicht mehr in aller Ruhe von Anfang bis zu Ende hören. Vielleicht werde ich nie mehr nach Paris kommen. Es kann auch sein, dass ich keinen Sommer mehr erleben werde – irgendein Sommer wird mein letzter sein.
Weil das so ist, darum bemühe ich mich, alles bewusster zu tun. Und darüber hinaus übe ich, meine Mutter, Beethoven, Paris, den Sommer und mein eigenes Leben loszulassen. Dadurch wird es dichter und reicher. Das Erleben des Moments, was immer dieser auch in sich trägt, wird wichtiger. Ich höre auf, den Moment zu vernachlässigen. Ich denke nicht an die Vergangenheit oder an die Zukunft.

August 10

Es gibt den Gedanken, dass wir mit einer ganz gewissen Anzahl von Atemzügen geboren werden und dass es an einem jeden von uns liegt, wie wir über diese Anzahl verfügen. Langsamer zu atmen, entspannter zu leben würde das Leben verlängern. Aber es geht nicht nur um die Verlängerung, sondern um die Veränderung der Qualität unseres Lebens.

11 August

Das Glück der Entfaltung

Wenn ich nicht zufrieden bin
mit der einfachen Melodie,
wenn ich übertreibe,
um etwas sichtbar zu machen,
und den Mund voller nehme,
als die Umstände es erfordern,

dann mache ich das Kleine kleiner,
dann verachte ich die einsame Flöte,
die die ganze Welt in sich trägt.
Dann entsteht die Inflation,
die mich von mir
und meiner Alltäglichkeit fortträgt.

So bin ich nicht mehr eingestimmt
auf die Musik des einen Tons,
auf die Echtheit der Dinge
und das Glück der Entfaltung
im Kleinen und Allerkleinsten.

Du kannst in eine Lage geraten, wo du dich den Menschen, die auf eine Erklärung von dir warten, nicht erklären darfst. Jede Erklärung wäre ein unguter Kompromiss. Es geht dabei einerseits um das Geheimnis, das du bist und das sich jeder Erklärung entzieht. Und andererseits geht es um die Herausforderung, die wir einander sein sollten. Das, was wir durch eine Erklärung lernen, hat selten den Tiefgang und die Substanz wie das, was wir selbst durch scharfe Beobachtung, ein offenes Herz und einfühlendes Schlussfolgern entdeckt haben.

13 August

Wenn wir uns einem Menschen erklären, dann ist es eine Art Nachgedanke. Wir hatten schon mit unserer Handlung und unserem Wesen kommuniziert. Die darauf folgende Erklärung ist nicht identisch mit unserer Handlung. Unsere Erklärung kann immer nur eine Annäherung sein an unser Handeln und Sein. Das Eigentliche an uns ist das Mysterium, aus dem heraus wir handeln. Die Erklärung ist der Versuch, dieses Mysterium durchsichtig zu machen.

August 14

Wir sind aufgerufen, zu sein und zu handeln. Das ist unsere Berufung. Wenn uns jemand verstehen will, soll er oder sie uns näher kommen. Wirkliches Verständnis ist nur aus der Nähe möglich. Es ist nicht eine Sache des Kopfes aus dem Abstand. Einander nahe zu kommen heißt, einander im gegenseitigen Sein zu würdigen. Und würdigen heißt wiederum nicht nur, dass man gut findet, was der andere tut, sondern zu verstehen, dass der andere es tut, weil es zu ihm gehört, wenn auch manchmal auf eine unerklärliche Weise.

15 August

Unser Körper ist kostbar. In ihm liegt ein Teil unserer Heimat. Mit ihm können wir unserem Geist und unserer Seele eine sichtbare Form geben. Durch ihn bleiben wir mit der Erde verbunden. In ihm wird unsere Zerbrechlichkeit deutlich.

Liebst du deinen Körper? Deine Hände, mit jedem ihrer Finger? Was haben sie schon alles berührt, betastet, erfasst und gehalten! Wäre es nicht passend, deinen Körper zu feiern, ihn zu schmücken, ihn ganz neu zu schätzen? Er trägt dich durchs Leben.

August 16

Atme aus, atme ein, atme aus, ein, aus. Langsamer, noch langsamer. Spürst du, dass du das bist? Merkst du, wie du entstehst? Nimm dir fünfzehn Minuten Zeit, nur auf dein Atmen zu achten. Dein Atem ist dein Leben.

17 August

Zeitloser

Ich will eine Stunde ausklinken
aus ihrem festen Fluss,
um in ihrer Ruhe,
die dann meine wird,
den Vertiefungen in mir nachzuspüren,
oder meine Bedürftigkeit
wie einen Atlas zu studieren.

Ich werde die Stunde
nicht in Minuten aufteilen,
sondern sie in einem Stück nehmen,
wie ein Land, das ich durchschreite.
Danach werde ich anders sein,
vielleicht ein Stück zeitloser.

August 18

Ich glaube, dass die Landschaft einen tiefen Eindruck auf uns machen kann, wenn wir ihr erlauben, uns zu bewegen und uns ins Herz zu treffen, in den Sitz unseres Wesens. Ich glaube, dass Landschaft heilen kann.
Ich kann mir vorstellen, dass ein Psychotherapeut einem Klienten eine Landschaft verschreibt: drei Wochen Wüste, um in der Weite verloren zu gehen und so sich selbst in sich wieder zu finden. Zwei Wochen Hochgebirge ohne besonderes Programm, einfach nur, um die Großartigkeit der Welt, ihr Emporstreben, wahrzunehmen und sich mitreißen zu lassen – eine Art Verlassen der Grau-in-Grau-Zone. Drei Wochen Meer mit sehr hohem Tidenhub (etwa am Bay of Fundy in Nova Scotia, wo zwischen Ebbe und Flut ein Unterschied von fünfzehn Metern ist), mit der Auflage, auf die Gezeiten zu achten, um einen anderen Rhythmus in sich zu entwickeln.
Um das zu erleben, dürfen wir aber Landschaft nicht mehr konsumieren, sondern müssten ihr erlauben, uns tief zu betreffen. Jede Landschaft hat das Potential, uns zu einer wesentlichen Seite unseres Wesens zu führen.

19 August

Viele unserer Nöte entstehen dort, wo wir gegen unseren natürlichen Rhythmus verstoßen. Wo wir tätig sind, wenn wir eigentlich in uns ruhen wollen, oder wo wir ruhen, wenn wir eigentlich tätig sein wollen.
Eine innere Weisheit ist am Werk, was die Entfaltung unseres Lebens betrifft. Auf die gilt es zu achten.

August 20

Glauben

Wie seltsam,
dass einige mich verurteilen,
weil ich nicht glaube,
was ich nicht glauben kann.
Sie vergeben mir meine Ehrlichkeit
mir selbst gegenüber
nicht.
Sie wollen,
dass ich lüge,
dann ist alles
gut.

Sie nennen es
ihren Glauben.

21 August

Es kann sein, dass du eine Schwere durchmachst, in der du dich nicht trösten lassen darfst. Dich trösten zu lassen kann das schließen, was sich gerade in dir geöffnet hat und was offen bleiben muss. Unsere Untröstlichkeit ist zuweilen die Tür, die uns in etwas Neues führt. Unsere Untröstlichkeit kann uns verbinden mit der Tragik des Menschseins: Gerade sind wir geboren, und schon gehen wir auf das Sterben zu. Wie billig ist da ein Trost, der nicht versucht, diese Tragik mit einzuschließen.

Und ebenso kann es sein, dass du nicht trösten darfst, auch wenn du dir dabei hart vorkommst. Du würdest das schließen, was offen bleiben muss. Aus „Liebe“ würdest du nicht lieben.

August 22

An grausamen Tagen

An grausamen Tagen
bleibt uns nichts anderes,
als das Leben zu beschreiben.
Immer neu zu sagen, was ist,
die Märchen neu zu sprechen,
die Dinge zu erwähnen,
die Worte aneinanderzureihen
wie eine Beschwörung,
wie eine Erinnerung,
um den Zerfall so aufzuhalten.

Mit den Augen wiege ich die Farben,
den Eigenschaften der Dinge
gebe ich ein Leuchten,
meine Haut erinnert sich und spricht,
meine Ohren hören das Keuchen,
und mein Mund gibt es weiter.

Am Leben selbst
entsteht meine Sprache
und erfüllt mich mit Stolz.

23. August

Unser ganzes Leben ist eine Suchbewegung. Das zu wissen befreit. Kaum etwas setzt so unter Druck, wie so zu tun, als finde man ständig oder als habe man bereits endgültig gefunden.

August 24

Es ist soviel leichter, zu kritisieren, zu zersetzen und herabzuziehen, als aufzubauen, zu hoffen, zu loben. Aber das Kritisieren wird in unserer Gesellschaft oft als das Höhere gesehen: Wer kritisiert, gibt vor, zu durchschauen, und stellt sich mit seiner Kritik über das Kritisierte.
Etwas aufzubauen oder zu loben erfordert Fantasie. Oft ist das Kritisieren ein Ausdruck von Fantasielosigkeit und nicht einer höheren Intelligenz.

25 August

Ganz tief ist das Vergleichen auch in unsere Beziehungen eingezogen. Wenn einer den andern etwas tiefer einstuft, steht er selbst etwas höher da. Bis in das feinste zwischenmenschliche Verhalten hat sich dieses Abschätzen und Wettrennen eingeschlichen. Dabei sind wir in unserem Wesen, in unseren Herzen nicht vergleichbar, und doch messen wir uns gegeneinander. Wir müssen uns jedes Mal reduzieren, wenn wir die Bilder des Sportes und der Wirtschaft auf unser inneres Leben anwenden. Wir verletzen einander mit diesen Vergleichen.

August 26

Zum Kritisieren brauchen wir nur unseren Verstand, zum echten Loben brauchen wir unser Herz.

27 August

Zu lieben oder uns lieben zu lassen enthebt uns der Gleichgültigkeit, die sich so leicht auf unser ganzes Leben zu legen droht. Sobald es Liebe gibt, gibt es Leben. Im Lieben meine ich oder bin gemeint. Im Lieben hebe ich einen Menschen hervor oder lasse mich von einem anderen hervorheben – ich entkomme so oder so dem grauen Einerlei. Je mehr Menschen wir auf dem Planeten sind, desto größer wird das Bedürfnis des einzelnen sein, noch irgendwie zu zählen, etwas zu bedeuten. Darum wird das Lieben und Geliebtwerden immer wichtiger.

August 28

In einer überbevölkerten Welt wird es immer schwerer werden, den einzelnen noch zu sehen und wertzuschätzen. Immer mehr werden wir als Menschenblöcke gesehen, hochgerechnet, eingesetzt, ausgenutzt, übersehen – alles im Kollektiv. Uns auf einen einzelnen zu konzentrieren ist die Art, dagegen anzugehen.
Zu lieben heißt, dem anderen zu einem Sinn für das eigene Leben zu verhelfen.

29 August

Auch bei aller Betonung des Individualismus und Pluralismus, in denen jeder das Recht auf eine eigene Stimme hat, werden wir letztlich nur dann glauben, dass wir als einzelne einen Wert haben, wenn wir lieben und geliebt werden. Der Pluralismus gibt uns zwar das Recht auf unsere Stimme, die vielleicht sogar gehört wird, aber tief in unserer Seele ist das noch nicht die Ansprache, nach der wir uns sehnen. Da, wo ich liebe, betone ich die Unauswechselbarkeit eines anderen Menschen, wie immer sich diese Liebe auch ausdrücken mag. Und wo ich geliebt werde, begreife ich mich als einmalig, weil sich ein Mensch mir zuwendet.

August 30

Herb und abweisend

Herb und abweisend
kann die Welt sein,
und schwer ist es dann,
Liebe zu finden.
Verschlossen sind die Menschen,
und niemand scheint Wärme zu geben.

Dann gilt es
den ersten Schritt zu tun.
In die Hoffnungslosigkeit
ein Licht zu setzen.
Zeit und Worte zu finden
für den anderen.
Dich selbst zu geben,
und so die Wärme zu finden,
die du gesucht hast.

31 August

September

Es gibt gewisse Gedanken, die wir nur dann denken können, wenn wir von allen anderen verlassen sind oder sie verlassen haben. Es sind Gedanken des Alleinseins und der Einsamkeit. Wir brauchen die Leere der Menschenlosigkeit und die Stille der Abgeschiedenheit, um sie zu denken.
Wir brauchen es, nicht durcheinander gebracht zu werden von der Anwesenheit anderer Meinungen und Wünsche. Wir brauchen die Reinheit des Nichts um uns. In dieser Unbeeinflusstheit, so schmerzhaft sie manchmal auch sein mag, entstehen wir auf neue Weise.
Dieses Denken kann uns auch dahin führen, gewisse Taten zu tun. Und auch diese müssen allein getan werden.
Dies sind Zeiten, in denen wir uns nicht verstecken dürfen hinter anderen Menschen oder irgendwelchen Ideologien. Unsere Schutzlosigkeit ist gefordert. Sie ist unsere Chance zum Neuen.

1 September

Wie anders reden und handeln wir, wenn jedes Reden mit Menschen und jedes Handeln unter Menschen eingebettet ist in Stille, Ruhe und Zurückgezogenheit. Vielleicht wäre es auch sinnvoll, dass wir, wenn wir uns treffen und viel miteinander reden, gelegentlich immer wieder stille Zeiten einlegen. Gerade auch in einer hitzigen Diskussion zwei Minuten Stille einzulegen, um den Hintergrund herzustellen, auf dem wir reden, und der Stille zu erlauben, sich zu regenerieren, und um uns selbst in dieser Stille zu regenerieren.

Es gibt gute Gründe, uns dem Unbekannten und Fremden auszusetzen und ein Abenteurer im Herzen und im Geist zu werden. Das Fremde um uns lockt das Fremde in uns hervor. So begegnen wir nicht nur den Grenzen um uns, sondern auch der Grenze in uns. Wenn wir lernen mit ihr zu leben, sie vielleicht sogar zu überschreiten, trägt sie dazu bei, dass wir uns ausweiten.
Die Welt in uns wird immer größer, wenn die Welt um uns größer wird. Umgekehrt ist dies auch wahr – wenn wir unser Herz erweitern, werden wir mehr von der Welt um uns entdecken und aufnehmen können.

3 September

Die große Hoffnung

Dass die Wege nach überall offen sind,
dass du keinen Fahnen mehr in dir nachläufst,
dass du unzerstörbar bist,
dass der Preis der Echtheit bezahlbar ist,
dass deine Seele eine grenzenlose Welt ist,
dass der Kern des Leidens Freude ist,
dass die Minute länger sein kann als die Stunde,
dass die leichten Auswege nur Umwege sind,
dass neue Fragen schon Antworten sind,
dass die Möglichkeiten unendlich sind,
dass die mutmachende Zukunft schon begonnen hat,
dass das Weiche stark ist,
dass die Leere der Anfang des Verstehens ist,
dass jede Regel ihre Ausnahme hat,
dass das, was man sieht, nie alles ist,
dass die Enttäuschung der Ausgangspunkt
des Wachsens ist,

das ist die große Hoffnung,
die wir wahrmachen
durch unseren Glauben an sie.

September 4

Ist es nicht Zeit, die Handlungen, die du nicht wirklich „bewohnen“ kannst, nicht mehr zu tun, oder wenigstens immer weniger zu tun? Mit jeder Handlung geben wir uns selbst eine Gestalt. Alles, was wir tun, formt uns. Wie ist es dann möglich, dass wir uns selbst eine Form geben, an die wir nicht glauben und die uns zuwider ist? Wir werden dadurch in unserem Gemüt krank, und auch unser Körper wird dadurch in Mitleidenschaft gezogen.

5 September

Sieh dich um. Was du siehst, ist zum ersten Mal so da, wie du es siehst. Auch du selbst bis zum ersten Mal an dieser Stelle deines Lebens, an diesem Punkt deiner Entwicklung. Auch wenn es so wirkt, als wäre alles nur eine endlose Wiederholung – es ist nicht so. Es verschiebt sich alles. Und weil das so ist, ist auch deine Entscheidung, wie du jetzt mit deinem Leben umgehen willst, wichtig.
Unser ganzes Leben segelt durch die Zeit, und die Zeit verändert alles. In der Zeit gibt es keine Wiederholung, das ist das Erschreckende und das Schöne an ihr.

September 6

Ständig ziehen Möglichkeiten an uns vorbei, das Leben ist ungeheuer offen. Das ist die eine Seite. Die andere ist, dass wir uns mit jeder Entscheidung festzulegen scheinen. Wir handeln und bauen ein festeres Bild von uns auf.
Wenn es uns gelingen könnte, jede Tat als vorläufig zu sehen. Etwa so: Ich tue etwas in der Verfassung, wie ich eine Hose im Geschäft anprobiere. Es ist nur ein Anprobieren. Dadurch bekommt mein Leben einen vorläufigen Charakter. Es bleibt offen, ich verschließe es nicht mit einer Haltung der Endgültigkeit.

7 September

Rückkehr

Immer kommt etwas auf uns zu
und überrascht uns,
oder findet uns bereit vor.
Ob es das eine ist oder das andere,
hängt damit zusammen,
wie weit wir in uns selbst eingedrungen sind.
Je weiter,
desto besser kennen wir das Fremde,
das uns begegnet.

Am Ende gibt es nur die Überraschung,
dass wir alles, was auf uns zukam,
ein Leben lang in uns getragen haben,
ohne es zu wissen.
Dann betreten wir die Dimension,
in der unsere Sehnsucht
schon lange beheimatet war.

September 8

In unserer Welt scheint es immer mehr um Wirkung zu gehen, und Public Relations sind oft wichtiger als die eigentliche Substanz. Nicht wie etwas im Kern ist, ist wichtig, sondern wie es gesehen wird und wie man es „verkaufen" kann. Darum wird immer mehr über Umfragen erforscht und dann auch gesteuert. Wenn ein einzelner oder eine Gruppe den richtigen Anschein gibt, dann reicht das. Diese Art zu leben kann auch für den einzelnen verlockend sein: sich auf dieses Spiel einzulassen und nicht am eigenen Kern, an der eigenen Substanz und Integration zu schaffen. Die Gefahr ist, dass man irgendwann meint, so zu sein, wie man wirkt.
Und doch ist letztlich nur Integration wirkliche Stimmigkeit. Es geht darum, dass die verschiedenen Aspekte unserer Persönlichkeit stimmen, dass sie zueinander gehören, auch wenn sie unterschiedlich sind. Es geht darum, dass wir nicht zwei oder mehr Gesichter tragen.

9 September

Vielleicht lässt sich heute ein Sinn nur finden, indem wir handeln. Wir „erhandeln" uns den Sinn, den wir mit bloßem Denken nicht erreichen. Vielleicht wird unsere Epoche in der Menschheitsgeschichte einmal die der Sinnlosigkeit genannt werden, weil wir nicht mehr in einer übersichtlichen Welt leben, wie etwa die des Mittelalters es war, mit ihren drei Ebenen, mit ihrem Oben und Unten. Diese Weltsicht haben wir verloren und noch keine neue überzeugende gefunden. Es wird immer schwerer zu sagen, was Sinn hat, und noch schwerer, diesen Sinn so zu beschreiben, dass er für andere erfahrbar wird.
Vielleicht erreichen wir durch unsere Achtsamkeit beim Handeln, durch unsere konzentrierte Aufmerksamkeit beim Umgang mit der Welt die Ebene, auf der wir die ganze Frage nach dem Sinn nicht mehr so wichtig nehmen. Dann könnte es uns gelingen, durch unser Handeln zu denken, anstatt zu meinen, dass wir durch unser Denken handeln.

September 10

Trennung

Wir haben uns gemüht,
Interesse zu zeigen.
Ich habe dir zugehört
und du mir,
und mal hast du
und mal habe ich
verstohlen gegähnt.

Uns gelang es nicht,
über die Barriere zu steigen,
die unsere Geschichte
zwischen uns gestellt hatte.
Ich habe die Welt
mit deinen Augen angesehen,
aber verarbeitet hat sie mein Gehirn,
und so blieb leer, was du sagtest,
aber ich wage nicht,
es dir zu sagen.

11 September

Es scheint ein ungeschriebenes Gebot für viele Menschen zu geben, dass man mit jedem Menschen auskommen muss und ihn oder sie auch interessant und liebenswert finden wird, wenn man sich nur genug Mühe gibt. Dies scheint besonders bei denen so zu sein, die ihre zwischenmenschlichen Beziehungen ernst nehmen.
Steckt dahinter nicht ein Hang zum Liebsein, der uns fast charakterlos machen kann? Ist dies nicht eine Art Verneinung unserer Unterschiedlichkeit und unserer Begrenzungen? Wenn wir zu jedem passen wollen, laufen wir Gefahr, profillos zu werden und niemandem in der Tiefe begegnen zu können.
Es hat wohl kaum jemals einen charaktervollen, entschiedenen, klar lebenden Menschen gegeben, der nicht auch Gegner hatte oder Menschen, die mit ihm nichts anfangen konnten.

September 12

Fels im Fluss

Du bist ein Fels im Fluss.
Sie müssen sich an dir entscheiden,
weil du nicht zu übersehen bist.
Manche laufen auf dir auf,
beschimpfen dich, erwarten von dir,
dass du ihnen aus dem Wege gehst.

Deine Form ist geschliffen
von unzähligen Tonnen Wassers,
die an dir vorbeirauschen
und dich auch manchmal überfluten,
aber immer wieder erscheinst du
als Markierung und Orientierung.
Manchmal findest du es schwer, so zu leben,
weil du spürst, so, wie deine Freunde dich lieben,
so stören sich deine Gegner an dir.
Du bezahlst für dein klares Leben.

Aber möchtest du lieber ein Kiesel sein
am Grund des Flusses,
unsichtbar, mitrollend,
rund und passend gemacht,
wie alle um ihn,
kein Anstoß, keine Herausforderung?

Was uns trennt, ist unser Glaube, dass wir alle verschieden seien. Was uns trennt, ist unser Glaube, dass wir alle gleich seien. Was uns trennt, ist, dass wir nicht jeden einzelnen und jede einzelne als einen einzelnen Menschen sehen.

September 14

Jede Person, die wir als schuldig identifizieren können, jedes System, das wir anklagen können, jede Institution, die unserer Meinung nach versagt hat, hilft uns, uns selbst nicht anzusehen. So müssen wir nie erwachsen werden. Was wir nach außen verlegen, hat fast immer seinen Anfang in uns selbst.

15 September

Um Gott zu „haben“, müssen wir ihn immer wieder in Frage stellen. Alles, was auf die Wahrheit Wert legt, lässt sich befragen. Einen Gott, den man nicht in Frage stellen kann, sollte man aus seinem Leben auslöschen, weil er ein Götze ist.

September 16

Wenn Gott sich nicht wandelt, wenn er nicht wandelbar ist, ist er schon zum Götzen geworden. Ein Zeichen von Lebendigkeit ist Wandelbarkeit. Wenn sich Gott nicht mehr in unserem Leben wandelt, ist das ein Zeichen, dass wir entweder einem toten Götzen folgen oder dass wir selbst gestorben sind.
Eine Serie von unerfüllten Wiederholungen in unserem inneren Leben ist oft die erste Andeutung, dass wir uns einem spirituellen Tod nähern.

17 September

Der Glaube eines Menschen kann immer nur etwas ganz Persönliches sein. Ein Dogma ist kein persönlicher Glaube. Ein übernommener Glaube ist kein persönlicher Glaube. So wie es nicht zwei gleiche Schicksale und Entwicklungen gibt, so gibt es auch nicht zwei gleiche Arten zu glauben.

September 18

Ich habe nur mich

Weil niemand für mich lebt
und niemand für mich stirbt,
erlaube ich nur mir,
für mich zu sprechen.

Es ist unvollkommen,
was ich sage,
manchmal fehlen mir die Worte,
ich vergesse Wichtiges,
aber ich verzeihe es mir.

Ich habe nur mich,
das ist wenig,
und doch so viel.

19 September

Institutionalisierte Religion hat die Tendenz, uns unsere Einmaligkeit zu nehmen und sie mit einem Durchschnittsmenschsein zu ersetzen, auf das dann ein Glaube im Sinne eines Fürwahrhaltens aufgepfropft wird. Dieses zuzulassen ist ein Verrat an uns selbst. Meine einmalige Geschichte macht es nötig, auf meine ebenso einmalige Art zu glauben, für die ich ganz verantwortlich bin.

September 20

Es gibt kaum etwas Schlimmeres, als etwas zu glauben, in dem ich selbst mit meiner ganzen Person nicht wirklich vorkomme und vielleicht noch nicht einmal vorkommen darf. Da stehe ich gegen mich selbst. Auf der einen Seite erlebe ich mich und bin bei mir zu Hause. Und auf der anderen glaube ich etwas, was mich auslöscht.
Das kann nie der Sinn des Glaubens sein. Glauben heißt immer, dort zu beginnen, wo man ist – bei sich selbst und der eigenen Situation und beim eigenen Charakter. Das ist die Wirklichkeit, von der ich ausgehen muss. Alles andere ist eine Verachtung meiner selbst und des Menschen allgemein.

21 September

Vielleicht ist ein Glaube ohne Skepsis nur eine vordergründige Begeisterung, die verfliegt oder künstlich aufrechterhalten werden muss. Vielleicht ist aber ein Glaube ohne den Mut, die eigene Logik zu überspringen, nur ein kleinkariertes Fürwahrhalten.

September 22

Was wir nicht loslassen

Nichts
hält uns so fest
wie das,
was wir nicht
loslassen können.
So halten wir uns fest
durch unser Festhalten.

23 September

Wachsen heißt, leer zu werden. Besonders von unseren Vorstellungen. Der reife Mensch lebt nicht mehr in Vorstellungen und Projektionen, sondern in der Wirklichkeit dessen, was ihm begegnet, und weiß dabei, dass dies trotzdem nur seine Wirklichkeit ist.

September 24

Vordergründig

Vor langer Zeit
ging einer durchs Leben,
machte Aussagen voller Dunkelheit,
verteilte Gleichnisse wie Handlungen
und lebte Haltungen, die Gleichnisse waren.
Er stellte die Dinge auf den Kopf,
hielt manchmal die Sprache an
oder zückte das Schweigen als Antwort.

Was er offen ließ,
ließ sich nur schwer schließen.
Und vielleicht sprach er nur von dem,
was er nicht erwähnte.
Wir aber zitieren ihn
und halten uns an den Worten fest,
um die es nicht ging.
So zerstören auch wir das Geheimnis,
das uns Tiefe geben könnte.

Es gibt ein Glücksgefühl für den Menschen, der die Fragen nicht mehr beantworten kann, der sich aber des Paradoxons bewusst ist. Dieses Glücksgefühl stellt sich darum ein, weil wir zu solchen Zeiten wissen, dass wir der Wahrheit des Lebens näher stehen als sonst. Näher als früher, wo wir voller Antworten waren, die uns doch nur leer gelassen haben. Wenn unser Glaube noch einseitig ist, sind wir noch nicht tief genug gegangen; wenn wir noch einfache Lösungen gefunden haben, sind wir noch um die wichtigen Fragen herumgegangen. Es geht nicht um Lösung, sondern um Erlösung.

Wenn wir weit und intensiv genug denken, werden wir immer an ein unauflösbares Paradoxon gelangen. Ist der Mensch gut oder böse, ist er sterblich oder unsterblich, kann Gott allmächtig und doch hilflos sein? Wenn wir an diesen Punkt gelangt sind, wissen wir, dass wir auf einem guten Pfad sind. Alles andere ist nur gedacht, uns dorthin zu führen. Alle anderen Fragen sind nur Vorfragen.
Wenn wir uns bewusst in die Energie des Paradoxons stellen, spüren wir etwas von der Dichte des Lebens, von den Zusammenhängen, für die es keine Sprache gibt.
So wie das Licht zur gleichen Zeit beides sein kann, Partikel und Welle, und das eigentlich, unserem Physikwissen entsprechend, nicht geht, so werden wir spüren, dass Gegensätze gleichzeitig existieren können, ohne sich gegenseitig auszuschließen. Und vielleicht werden wir ein Stück befreit sein von dem Zwang, alles lösen zu müssen und es dabei zu verbiegen.

27 September

Vielleicht rettet uns nichts so sehr davor, Dummheiten zu begehen, wie das Wissen, dass es für alles Ausnahmen gibt. Die Systeme, in denen wir versuchen die Welt gefangen zu nehmen, sind unsere Erfindungen. Das Leben scheint Ausnahmen, die alle Systeme sprengen, zu lieben. Und manchmal scheint es, als wenn sich die Entwicklung des Lebens gerade über die Ausnahmen hinweg fortsetzt.

September 28

Wie leicht ist es, von dem Gedanken der eigenen Wirkung bestimmt zu sein. Da kalkulieren wir, wie diese Tat wirken wird und welchen Eindruck jenes Wort machen wird. Viel Energie fließt in die Veränderung des Äußeren, anstatt uns in unserem Herzen zu verändern. Vielleicht hoffen wir, dass über die äußere Veränderung eine innere stattfindet.

Aber meistens bringen wir damit uns selbst und andere nur durcheinander. Wir selbst und andere spüren den Unterschied zwischen unserer erstrebten Wirkung und unserer Wirkung durch unser echtes Sein. Es gehen zwei verschiedene Wirkungen von uns aus. Irgendwann weiß dann niemand mehr, wer wir wirklich sind, wir selbst auch nicht.

29 September

Ich stelle mir ein Land vor, in dem halbherziges Hören mit dem Tod bestraft wird. Wie vorsichtig die Menschen da reden, und wie gewissenhaft sie zuhören! Wie verbunden die Sprechenden und Hörenden da sind! Sie geben und nehmen einander das Leben. Aber ist es in der Wirklichkeit nicht genauso?

September 30

Oktober

Die Frage ist immer wieder: Leben wir aus dem Unendlichen oder aus dem Vordergründigen? Damit entscheidet sich auch unser Glück. Leben wir nur aus dem Vordergründigen, aus dem, wie uns das Leben, andere Menschen oder Umstände zugetan sind, dann leben wir in einer prekären Lage – in jedem Moment kann diese Wirklichkeit zusammenbrechen, und wir stehen mit leeren Händen da. Es ist das Erlebnis der meisten Menschen. Gegen diesen Zusammenbruch sind wir nur gefeit, wenn wir aus dem Unendlichen leben. Nur über das Unendliche ist alles mit allem verbunden. Da, wo wir nicht aus dem Unendlichen leben, leben wir bruchstückartig und zusammenhanglos.

1 Oktober

Wo ist die Tür zum Unendlichen? Wo finden wir heraus aus der Vordergründigkeit und Oberflächlichkeit? Manchmal ist das Unendliche so nah wie das Alltäglichste. Wie überall im Leben liegen die Gegensätze ganz nah beieinander, oder genauer gesagt: ineinander. Das Unendliche steckt im Alltäglichen – entscheidend ist, wie wir es ansehen. Wie wir etwas erleben, hängt meistens ganz eng damit zusammen, wie wir uns diesem Etwas zuwenden. Das Kleinste, Alltäglichste gewinnt Tiefe und Unendlichkeit, wenn wir uns ihm wirklich zuwenden. Und die größten und bedeutendsten Dinge werden durch unsere Gleichgültigkeit und Blindheit nie in unserem Leben Gestalt und Bedeutung gewinnen. Wenden wir uns dem Alltäglichen mit unserem Herzen, mit unserem Wesen zu, öffnet es sich und lässt das Unendliche hindurch. Die Stücke unseres Lebens fügen sich zu einem Ganzen zusammen, auch wenn wir nicht alles verstehen.

Lebst du jetzt hier vorläufig, als gäbe es irgendwann, irgendwo das eigentliche Leben für dich?
Weil wir immer wieder Enttäuschungen erleben, neigen wir dazu, uns manchmal nicht mehr hineinzugeben ins Leben. Wir sind vorsichtig und entwickeln dabei eine Art, nicht zu leben, was wir leben. Bei manchen Menschen wirkt es so, als würde irgendwo anders ihr eigentliches Leben stattfinden. Sie könnten das, was sie hier tun, jeden Moment verlassen und irgendwo anders anfangen, wirklich zu leben. Dabei haben sie kein anderes Leben als das, das sie leben. So zu leben ist ein Betrug am eigenen Leben. Dies ist es. Dies ist das Leben, das du hast.

3 Oktober

Dieser neue Tag

Jeden Morgen sucht die Sonne dich.
So wie du sie.
Das neue Leben ist anziehend.
Vielleicht gelingt es dir,
das Gewicht abzulegen,
das dich sogar im Schlaf
noch gedrückt hat.
Es gibt eine Leichtigkeit,
die sich von dir finden lassen will.
Die Welt ist offen,
und dass du heute hier bist,
hat einen Sinn.
Aber nur du kennst ihn.

Wir reagieren nicht auf die Wirklichkeit um uns, sondern auf das, was wir über diese Wirklichkeit denken. Wir reagieren auf uns selbst. Unsere Sicht von der Wirklichkeit ist immer nur unsere Sicht von der Wirklichkeit – so objektiv wir uns auch wähnen. Nichts ist so, wie wir meinen. Wir wählen unsere Meinung nur, um es uns damit leichter zu machen. Wir dürfen diese Meinung über die Wirklichkeit nicht mit der Wirklichkeit selbst verwechseln.

5 Oktober

Vorsichtig tastend

Ich lade dich ein in meine Wirklichkeit.
Hier stehe ich auf,
in diesem Becken wasche ich mich.
Hier zelebriere ich das Essen,
von dem ich manchmal zu leben meine,
und in diesem Stuhl meditiere ich.
Hier mache ich mir ein Bild von Gott,
und im gleichen Rahmen ist dein Bild.
In dem Zimmer,
vor dem mein Herz wie ein schweres Schloss hängt,
bewahre ich meine Kostbarkeiten auf.
Nichts davon
wird dir je so wirklich sein,
wie es mir ist,
und alles, was du bist,
sehe ich durch den Schleier meines Wesens.
Darin ähneln wir uns.
Doch unsere Blindheit füreinander
muss uns nicht trennen.
Vorsichtig tastend können wir uns finden.

Man sollte den Tag möglichst vor dem Abend loben. Vielleicht verändert sich der Tag dadurch, und man kann ihn dann auch am Abend loben. Übrigens kann man ihn wann auch immer loben – das ist eine Sache der Einstellung und der inneren Freiheit.

7 Oktober

Die Gegenwart ist eine Art Sprungbrett. Es ist schade, wenn wir nie zum wirklichen Abspringen kommen, weil wir die Vergangenheit zu sehr festhalten. Von der Sicht der Gegenwart aus ist die Vergangenheit nur dazu dagewesen, die Gegenwart möglich zu machen, also das Sprungbrett zu bauen. Wir haben das Sprungbrett mit einer Art inneren Weisheit gebaut. Darum lasst uns springen und nicht warten, dass das Wasser, in das wir springen müssen, uns entgegenkommt. Wollen wir den Sprung genießen?
Vielleicht hilft es uns, zu begreifen, dass es kein fehlerfreies Springen gibt, dass aber nicht zu springen der weitaus größte Fehler ist.

Oktober 8

Es gibt uns ein Gefühl größerer Erfülltheit, wenn wir uns für das entscheiden, was wir tun und was unerlässlich zu sein scheint. Wenn wir unsere Zukunft nur über uns ergehen lassen, rutschen wir hinein in die Rolle derer, die das Gefühl haben, dass an ihnen gehandelt wird und dass sie nicht selbst handeln. So zu leben macht uns zu Zuschauern in unserem eigenen Leben.

9 Oktober

Weit sind die Wege

Weit sind die Wege
ins Herz des Herzens,
aber da warte ich auf mich.
Ich habe Sehnsucht, mir zu begegnen,
mich anzusehen und zu erkennen.
Ich will wissen, wer ich bin
und wohin ich unterwegs bin.

Ich gehe auf mich zu,
auch wenn es weit ist
und sich überall Fluchtwege anbieten.

Ich will mich begreifen. Vieles können wir nicht mehr. Das Gefühl der Ohnmacht hat zugenommen. Über unsere Köpfe hinweg wird entschieden, wie die Welt weitergehen wird. Alles wird festgelegt, ohne dass wir gefragt werden. Und die, die sich dazwischenwerfen, werden zermahlen. Und doch bleibt uns das Größte: die freie Entscheidung, uns dem anderen Menschen zuzuwenden oder nicht. Keine Armee, keine Gesetze, weder die steigenden Ölpreise noch die schleichende Inflation kann uns davon abhalten, wenn wir uns dazu entschlossen haben. Außerdem wird gerade in Notsituationen die Liebe erfinderisch. Und plötzlich ist uns Unwichtigen, Ohnmächtigen die Herrschaft der Welt in die Hände gegeben.

11 Oktober

So leben, dass andere an mir aufwachen.

Oktober 12

Vergibst du deinen Eltern, dass sie so waren, wie sie waren, und dass sie so sind, wie sie sind? Vergibst du deinem Partner, dass er/sie so ist, wie er/sie ist?
Vergibst du dir selbst, dass du so bist, wie du bist?
Vergibst du deinen Freunden, dass sie so sind, wie sie sind?
Vergibst du deinen Kindern, dass sie so sind, wie sie sind?
Vergibst du der Welt, dass sie so ist, wie sie ist?

Ohne diese Vergebung geht nichts weiter in deinem Leben. Was wir nicht vergeben, kann uns immer noch einmal verletzen, auch wenn es schon längst hinter uns liegt. Es ist, als bestraften wir uns selbst immer noch einmal für die „Fehler" der andern an uns, wenn wir nicht vergeben.

13 Oktober

Wenn wir lernen könnten, uns zu verwandeln! Verwandlungskünstler und -künstlerinnen zu werden. Das Leben begegnet uns mit Schwere, mit Leid, mit Unerträglichkeit, und es liegt an uns, diese zu verwandeln. Der erste Schritt jeder Verwandlung ist das Loslassen. Wir müssen lernen, dass alles, wirklich alles, so ist, wie es ist, und gleichzeitig noch viel mehr ist – in allem Vordergründigen steckt immer etwas Tieferes, das es zu entdecken gilt. Da, wo wir zum Beispiel etwas verlieren, einen Verlust erleben, erleben wir auch immer eine Befreiung und Erleichterung. Dieses zweite erleben wir aber nur, wenn wir bereit sind, das Verlorene loszulassen. Die Verwandlung geschieht am gelösten Herzen.

Unsere persönliche Verwandlung geschieht durch unsere Einstellung. Manchmal scheint es mir, als wenn es Glück und Unglück nicht wirklich gäbe. Es ist nur ein Zustand, den wir mit einer gewissen Einstellung heraufbeschwören. Je reifer wir werden, desto fähiger werden wir, die Verwandlung immer mitzudenken. Ich denke dabei an Situationen, in denen Menschen mitten im Überfluss verarmen und todunglücklich werden, während andere mitten in ihrer Armut und der Härte des Lebens glücklich sind.

15 Oktober

Sich zu wandeln ist so anstrengend, weil wir uns selbst dabei verlassen müssen – unsere Lieblingseinstellungen, unsere Festgefahrenheit, unsere Meinungen, unsere Ideologien. Sie sind es, die uns unsere Identität zu geben scheinen. Aber wenn wir uns ändern wollen, müssen wir uns selbst neu entdecken, ja, vielleicht sogar neu erfinden. Und damit erfinden wir die Welt auch neu. Aus dem halbleeren Glas wird nun ein halbvolles, ohne dass wir das Glas verändert hätten. Aus uns selbst wird eine andere, ein anderer – doch war diese Person schon in uns angelegt.

Oktober 16

Hoffen, glauben und lieben, dieses Trio, nach dem sich viele sehnen, ist nichts anderes, als mit der Verwandlung zu leben und sie zu praktizieren. Im Glauben, Hoffen und Lieben ist die Welt nie fertig, sondern sie befindet sich in einem Prozess. Sie entsteht noch. Wer keinen Weg mehr für die Welt, für einen Menschen, für sich selbst sieht, kann nicht glauben, hoffen oder lieben.
Wenn wir lebendig sind, verwandeln wir uns immerfort. Es ist nur die Frage, ob wir uns in das verwandeln, was wir zu sein wünschen.

17 Oktober

Ich bin ein Garten

Eine lange Nacht, ein farbiger Tag,
die Dinge in ihrer leuchtenden Helle,
Begegnung und Einsamkeit,
die Geschichten der Entwicklung,
der Zerfall des Vorbildlichen,
die Erhöhung des Schreckens,
sie alle wühlen mich auf,
sie graben mich um,
als wäre ich ein Garten.

Es wächst Neues,
das ich vorsichtig hege,
wie eine entstehende Welt.

Oktober 18

Es führt zu unserem inneren Tod, wenn wir die Situationen nur so ansehen, wie sie zu sein scheinen, und nicht versuchen, ihr Inneres zu entdecken und ihnen ihre tiefere Dimension zu erlauben. Alt zu werden heißt, nicht mehr nach dem Geheimnis zu fragen, das in allem steckt, sondern zu meinen, man kenne es schon und wisse, wie alles zu deuten sei. Gefährlich alt zu werden heißt, Verwandlungsmöglichkeiten immer weniger zu sehen.

19 Oktober

Etwas ganz langsam tun, was man auch schneller tun könnte. Eine Tasse Kaffee langsamer trinken, ein Buch langsamer lesen. Jeden Schluck, jeden Satz vorsichtig kauen, erleben. Langsamer reden, vielleicht zunächst nur mit sich selbst. Auf die Zwischenräume zwischen Wörtern und Sätzen achten. Langsamer schreiben. Wieder die einzelnen Buchstaben beim Formen mit Bleistift, Kuli oder besser noch mit einem alten Federhalter erleben wie in der ersten Klasse. Im Straßenverkehr die offensichtlich langsamste Spur nehmen, sich überholen lassen und sich daran freuen. Sein Bewusstsein verändern lassen und bewusster erleben. Die Textur des Lebens wieder entdecken.

Oktober 20

Aus Angst, zu enttäuschen und enttäuscht zu werden, bringen wir uns selbst in Situationen, in denen wir enttäuschen und enttäuscht werden.

21 Oktober

Je älter wir werden, desto verantwortlicher werden wir für die Gestalt unseres Lebens. Was sich früher durch Vererbung, Erziehung und Umstände erklären ließ, wird mit zunehmendem Alter unsere Verantwortung. Zur Gestalt unseres Lebens gehört unser Umgang mit der Zeit, unsere Einstellung zum Geld, die Art des Umgangs mit unseren Freunden, die Art, auf die wir Konflikte lösen. Im mittleren Alter haben wir Zeit genug gehabt, ihnen allen unsere eigene Note zu verleihen.
Unser Gesichtsausdruck gehört auch zur Gestalt unseres Lebens. Wir haben den Ausdruck, den wir in vielen Jahren durch unsere Einstellung auf unser Gesicht geprägt haben.
Auch unsere Erklärung, die zurückgreift auf Vererbung, Erziehung und Umstände in unserem früheren Leben, ist eine Art Gestalt unseres Lebens.

Oktober 22

Kind in uns

Kind in uns allen,
verlass uns nicht.
Erhalte uns das offenäugige,
das offenherzige und gläubige Staunen
und das Gespür für die vielen Geheimnisse
um uns und in uns.

Du hast in uns gewohnt,
und wir haben dich geliebt,
um dich gebangt
und dir viel Raum in uns gegeben,
weil die Welt ein Wunder war.

Kind,
zeige uns wieder den Zauber
im Alltäglichen.

Ob du etwas von innen sagst und mit deinem Wesen dahinter stehst und auch bereit bist, einen Preis dafür zu zahlen, entscheidet, ob du gehört wirst. Zwei Menschen können die gleiche Aussage machen: der eine wird gehört und ernst genommen, der andere wird kaum gehört. Es ist unser Wesen, das unseren Worten ihren Charakter verleiht. Was wir selbst nicht glauben, glaubt uns auch niemand anders.

Oktober 24

Balance

Mancher Halt hält fest.
Manche Festigkeit macht unbeweglich.

Manche Freiheit macht unfrei.
Manche Unabhängigkeit schafft Kälte.

Und doch brauchen wir Halt und Festigkeit,
Freiheit und Unabhängigkeit.

Genug Halt, um Neues zu wagen.
Genug Festigkeit, um nicht in Angst unterzugehen.

So viel Freiheit,
dass wir uns selbst begrenzen können,
so viel Unabhängigkeit,
dass wir noch entscheiden.

Und in der täglichen Wahl zwischen den Wegen
den Mut, die Spannung zu ertragen,
und das Gespür für den rechten Moment.

25 Oktober

Es hilft mir zu denken, dass eine Seite von mir schon ein Stück weiter ist als ich in meinem jetzigen Zustand. Vielleicht lebt diese Seite von mir sogar schon ein Stück in der Zukunft und weiß darum mehr als ich. Diese Person in meiner Person nimmt mich an die Hand und leitet mich, und ich kann mich ihr anvertrauen, weil sie der weisere Teil von mir ist.

Oktober 26

Alles loszulassen, sich selbst nicht mehr wahrzunehmen, einzugehen in Gott, das ist immer wieder Ziel der Mystiker gewesen. Sie haben um Ausdrücke gerungen, dieses irgendwie fassbar zu machen, weil sie darin die letzte Stufe der menschlichen Entwicklung sahen – Befreiung von sich selbst.

Aber es darf nicht geschehen, weil wir uns selbst verachten und uns nichts wert sind. Nein. Es kann nur geschehen als Ende eines Weges, als Erleuchtung und Verwandlung, als Auferstehung. Es gibt zu viele Religionen und Glaubensrichtungen, die dieses Loslassen zu früh wollen und damit nur erreichen, dass Menschen sich verbiegen und nie wirklich leben. Wir können nur loslassen, was wir gehabt haben. Auch wirklich sterben werden wir nur können, wenn wir erfüllt gelebt haben.

Eine kleine Stimme

Eine kleine Stimme,
müde vom Überhörtwerden,
umgeben von einer Schale,
das ist das Leben im Leben,
verborgen im Leben,
schwimmend auf einem übergroßen Meer,
unterwegs in die Unendlichkeit.

Darum ist sie so schwer zu hören,
diese kleine Stimme.
Darum ist sie so wertvoll.

Wir haben uns verpflichtet. Wir haben Werte gesetzt, für die wir etwas einsetzen. Wir wehren uns, wenn diese Werte in Frage gestellt werden. Diese Verpflichtungen sind ein Teil unserer Identität – wir identifizieren uns durch sie.
Aber was sind sie? Haben wir ihnen Namen gegeben? Haben wir in letzter Zeit untersucht, ob sie wirklich noch das wiedergeben, was wir jetzt fühlen, wollen und glauben?
Diese Verpflichtungen haben sich meistens über eine lange Zeit gebildet. Sie sind eingefleischt. Und doch müssen sie irgendwann einmal untersucht werden, weil sie sonst wichtiger werden als wir selbst und unser Leben. Dann beginnen sie uns zu bestimmen, und wir treffen unsere Entscheidungen nach ihnen, ohne noch wirklich an sie zu glauben.

29 Oktober

Die Pflichten, die identisch mit uns selbst sind, die wir also von innen her erfüllen, hören auf, Pflichten zu sein.

Oktober 30

Suchen

Vieles, was wir suchen,
geht tiefer verloren,
sobald wir es finden.

Es war nur dazu da,
uns zum Suchen zu ermuntern:
Der Wind,
den man nicht mit fliegenden Blättern
verwechseln darf.
Die wortlose Liebe
in den Händen von zwei Menschen.
Die Stille über einem See
vor Sonnenaufgang.
Vielleicht das eigene Wesen,
das wir fühlen wollen, handgreiflich,
wenn wir den Dingen begegnen.

Glücklich ist, wer Spuren findet,
die immer weiter führen,
dem Suchenden etwas voraus.
Bis wir auf uns selbst treffen,
uns verlieren,
wieder treffen,
unaufhörlich.

November

Wir hören einander manchmal nur zu, um etwas von uns selbst an das zu hängen, was wir gehört haben. Es geht uns also beim Hören nicht so sehr um ein Entdecken des anderen, wie es uns darum geht, im anderen einen Bruder und eine Schwester oder einen Ort des Ausruhens zu finden. Das Hören ist darum oft ein Auf-sich-selbst-Hören.

Das muss nicht negativ sein, aber es ist gut, wenn die Redende daran denkt und nicht enttäuscht ist, wenn ihr Gegenüber nicht wirklich zuhören kann.

1 November

Es gibt eine Art des Hörens, bei der der Redende sich selbst entdeckt und auf Gedanken in sich stößt, die er bisher nicht gehabt hat. Es ist ein mutmachendes und kreatives Hören. Der Hörende beteiligt sich an dem Entdeckungsprozess des Sprechenden, und gemeinsam entsteht etwas, was ein einzelner nicht zustande gebracht hätte.
Es gibt auch ein Hören mit dem ganzen Wesen, bei dem der Redende mit sich selbst und seinem Gesagten konfrontiert wird. Er begegnet sich sozusagen selbst, auf dem Umweg über die Wahrnehmung und das Ernstnehmen durch sein Gegenüber. So kann es passieren, dass jemand mitten im Satz aufhört zu reden, weil der andere wirklich zugehört hat, und der Redende merkt, was er eigentlich gesagt hat oder was er durch sein Reden erreichen wollte. So zu hören ist eine schöpferische Sache.

Wissen kann uns davon abhalten, weise zu werden. Zu oft verwechseln wir das Ansammeln von Informationen und Daten mit Verständnis und Weisheit. Nur das Wissen, das unser Herz erreicht und dort verwandelt wird, macht uns weise.

3 November

Manches bei uns selbst können wir erst dann genau ansehen, wenn wir es gesagt haben. Es hat in uns gesteckt, aber wir waren zu nahe daran, um es sehen zu können. Die formulierten Worte haben es aus dem Bereich des Denkens und Fühlens in den Bereich des Gehörtwerdens gehoben. Es steht uns gegenüber, und wir können ihm darum begegnen. Das Aufschreiben kann in ähnlicher Weise zum richtigen Hören verhelfen.
Daraus ist zu schließen, dass wir immer einen Abstand brauchen, um sehen zu können. Wir können blind sein durch zuviel Nähe.

November 4

Ich bin Wort

Meine Seele
in dein Ohr,
deine Lippen
in mein Herz,
nicht im Wettstreit
oder als Wortkampf,
nicht als Versteckspiel
oder als Flucht,
sondern als Zusammenfließen
von Energie,
an der wir gesund werden.

Bist du bereit,
mich als Wort zu verstehen,
an dem alles hängt,
was ich besitze?

Wenn es uns gelänge, den Redenden und den Hörenden gemeinsam als eine stille Verschwörung zu sehen, es gäbe weniger Missverständnisse. Ganz gleich, ob du der Hörende oder der Redende bist, du brauchst einen Menschen, der mit seinem Wesen hört und redet, und der begreift, dass auch für ihn viel davon abhängt, ob er wirklich hört oder ob er wirklich gehört wird. Der wirklich Redende und der ebenso wirklich Hörende bilden durch ihre Sehnsucht nach wirklichem Verstehen eine Kraft, der sehr wenig widerstehen kann. Gemeinsam schaffen sie Wunder.
Wir hören einander ins Leben. Wir erhören einander. Wir sprechen einander ins Leben. Durch unsere gefüllte Sprache entsteht Raum zum Leben.

Auflehnung

Dass du mir etwas nachsprichst,
um mir zu gefallen,
gilt nicht.
Ich höre nicht zu.
Auch wenn du stotterst oder schweigst,
ist es nicht leichter zu ertragen.

Aber in dem Moment,
wo du dich gegen mich auflehnst
mit deiner ganzen Liebe,
können wir unsere Begegnung feiern.
Das ist das Glück der Revolution
gegen die Oberflächlichkeit.

7 November

Manches hört nur auf, wenn wir damit aufhören. Aber oft finden wir Ausflüchte. Wir sagen: Wenn das oder jenes erst anders wäre, dann… oder: Es geht nicht, dass ich jetzt aufhöre, weil die anderen sich daran gewöhnt haben, dass… oder: Man kann nicht einfach aufhören, es braucht Zeit… oder: Ich verkrafte es nicht, wenn ich so plötzlich meinen Lebensstil verändere… oder: Es gibt sicherlich bald eine passendere Zeit, aufzuhören… oder: So genau weiß ich nicht, ob ich damit aufhören sollte… oder: Alles hat zwei Seiten… oder: Wenn ich aufhöre, was dann?
Und so hört es nicht auf, und niemand kann das beenden, was wir selbst beenden müssen.

Habe ich den Mut, mir zu sagen, dass ich das, womit ich aufhören will, eigentlich nicht beenden will? Habe ich den Mut, jemand anderem zu sagen: Womit du aufhören willst, was du aber nicht beendest, willst du eigentlich nicht beenden?

9 November

Du musst niemandem sagen, wie du inwendig beschaffen bist. Niemand hat ein Recht darauf. Wenn du es sagst, ist es ein großes Vertrauen an deine Mitmenschen. Es bleibt ein Geschenk, das niemand verlangen kann. Es ist deine Gnade an andere.

November 10

Beim Lieben entwickeln wir uns selbst – wir fördern unsere Evolution. Seltsam ist, dass es zum gleichen Resultat führt, ob wir uns selbst wirklich lieben oder einen anderen Menschen. Es ist die Haltung der Liebe, die uns verändert, nicht die Adresse oder der Erfolg unserer Liebe. Darum ist es den großen Liebenden um die Haltung gegangen, nicht nur um das, was sie geliebt haben.
So kann man sich für die Liebe entscheiden, für die Haltung des Liebens, ohne schon zu wissen, an wen oder was man die Liebe adressieren wird.

Das Leuchten gewisser Momente

In den üblichen, alltäglichen Wegen,
im Gang zum Geschäft an der Ecke,
zur Post, wo ich meine Briefe abgebe,
zu den eingemachten Brombeeren,
von denen wir letzten Sommer
zwölf Liter in einer Stunde gepflückt haben,
beim Gang über die Holzbrücke,
die zu unserem Haus führt,
oder den Berg hinauf durch Erlen und Ahorn,

in diesen üblichen Wegen
liegen die anderen Wege,
die in den Kern und das Herz des Lebens führen.
In ihnen erlebe ich Momente,
die zu sanft sind,
um von Verklärung zu sprechen.
Und doch möchte ich in ihnen wohnen,
weil sie mir deutlich machen,
dass nichts zufällig geschieht
und ich unaufhörlich beschenkt werde
von der Welt um mich.

Vielleicht ist liebende Aufmerksamkeit das ernsteste Gebet, zu dem wir fähig sind. In der Konfusion unserer Tage, in der wir nicht mehr wissen, was wir denken und wie wir handeln sollen, bleibt uns manchmal nur die Aufmerksamkeit mit unserem ganzen Wesen. Durch diese Aufmerksamkeit gelangen wir an die Innenseite von Dingen und Abläufen, und vielleicht wird uns dadurch irgendwann klar, was wir sagen wollen und wie wir handeln können. Die Aufmerksamkeit öffnet die Welt für uns und uns für die Welt, und schafft ein gegenseitiges Erkennen.

13 November

Liebend

Wie die Dinge
sich in ihrer Einmaligkeit
nur kurz zeigen
und dann wieder vergehen
oder alltäglich werden,

so vorsichtig
und liebend will ich sie wahrnehmen.
So werde ich ihr zerbrechliches Bild
auf immer in mir tragen.
Und selbst das, was ich vergesse,
wird einen Abdruck in mir hinterlassen,
der mich sanfter macht.

November 14

Je reifer wir werden, desto genauer sehen wir unseren Platz in der Welt. Wenn wir jung sind, wollen wir oft einen Platz einnehmen, den andere für uns vorschlagen oder der etwas Besonderes darstellt. Es geht uns nicht so sehr um den Platz mit seiner Bedeutung, sondern mehr um den Wunsch, durch diesen Platz zu wirken.
Im Reifeprozess entdecken wir, dass jeder Platz seine eigene, unauswechselbare Bedeutung hat und dass wir an jedem Platz unseren Beitrag zur Welt leisten können. Das ist der Durchbruch von einer jugendlichen zu einer erwachsenen Sicht der Welt.

15 November

Unsere Gefühle müssen nicht unsere Feinde sein. Manchmal haben wir Angst vor ihnen, weil sie drohen, uns zu überwältigen. Wir fühlen uns ihnen ausgeliefert und lehnen sie darum ab. Aber unsere Gefühle arbeiten für uns. Sie geben uns wichtige Nachrichten über unseren inneren Zustand. Sie machen uns unsere Grenzen deutlich. Sie warnen uns. Ohne sie würde ein wichtiger Beitrag zu unserem Entscheidungsprozess fehlen.
Unsere Angst kommt daher, dass wir denken, wir müssten unseren Gefühlen folgen und das tun, was sie uns sagen. Wir meinen, dass wir sie nur so ernst nehmen. Aber für den erwachsenen Menschen gibt es eine andere Lösung. Ich will lernen, meine Gefühle ernst zu nehmen, aber nicht unter ihrem Zwang zu stehen. Ich will sie wahrnehmen, aber dann überlegen, wie ich ihre Botschaften in meinem Leben umsetze.

November 16

In unserem Leben muss viel Versöhnung geschehen. Wir sind mit uns selbst verfeindet. Wie oft diffamieren wir uns selbst. Wir misstrauen uns, wir schimpfen mit uns, wir unterschätzen uns, wir wollen nicht mehr mit uns reden, wir sind uns böse. Wir vergeben uns etwas nicht, was wir vor langer Zeit getan haben. Wir tragen uns nach und werfen uns vor. Es ist Zeit, die Versöhnung anzusagen.

17 November

Das echte, genuine Leben ist immer mit einem Risiko verbunden. Mit der Echtheit lässt sich nicht schachern, und sie kennt keine Grauzonen. Und das stört.

November 18

Unser Handeln spricht lauter als unser Reden. Aber unser Sein strahlt am meisten aus. Es kann sein, dass wir mit unserem Wesen schon weiter sind als mit unserem Denken und Tun. Und wenn Menschen dann auf unser Wesen und Sein reagieren, können wir die Hände in den Schoß legen, weil wir mit unserem Wesen bereits stärker handeln, als wir es je mit unserem Handeln tun könnten.

19 November

Nicht wovon wir reden, sondern wofür wir leben ist am Ende die Sprache, die die meisten verstehen und ernst nehmen werden. Ganz gleich, wie stark wir etwas anderes behaupten.

November 20

Ich ehre dich in deiner Andersartigkeit. Dass ich nie so sein könnte wie du und du nie so sein könntest wie ich, sehe ich als Glück und Herausforderung. Ich glaube, dass du einen Teil des Lebens bewältigst, den ich nicht schaffen würde, weil ich nicht dafür gedacht bin. Und ich, wiederum, werde den Ort meiner Herausforderung auf meine einmalige Weise besetzen, und du brauchst dir keine Sorgen zu machen über das, was ich tue. Es wird gut sein, so wie das, was du tust, gut sein wird.

21 November

So wie es eine fast unbegreifliche Anzahl von Umständen und Situationen im Leben gibt, so vielfältig und unterschiedlich müssen auch die Menschen sein, die in diesen Situationen leben und die darin entstehenden Probleme lösen. Theoretisch ist dieser Gedanke leicht anzunehmen, aber praktisch stört uns die Andersartigkeit vieler Menschen. Wir verwenden viel Energie darauf, andere so zu machen, wie wir sind, auch wenn uns das so gut wie nie gelingt.

November 22

In den meisten Menschen gibt es eine Sehnsucht nach Schönheit, nach visueller Harmonie. Wir gehen gern in eine schöne Umgebung, sei sie natürlich oder sei sie von Menschenhand gemacht.
Für manche ist dieses Bedürfnis so groß, dass sie bereit sind, sich die Anschaffung von etwas Schönem vom Munde abzusparen. Das Schöne gibt uns Weite, es lässt uns fliegen. Es gibt uns Geborgenheit, weil wir eine Seite von uns selbst in dem Schönen wieder entdecken – wir kehren heim zu uns selbst. Das Schöne gibt uns eine Ordnung oder ein Chaos, beide brauchen wir, um gesund zu bleiben.
Wichtig scheint mir, diese Sehnsucht ernst zu nehmen. Sie unterscheidet sich nicht so sehr von unserem Bedürfnis nach Essen und Trinken. Wir brauchen Nahrung für unsere Seele, unseren Geist. Ohne die Schönheit verhungern und verdursten wir. Das, was uns menschlich macht, verschwindet. Es ist darum kein Luxus, Sehnsucht nach Schönheit zu haben.

23 November

Das Schöne ist eine Erinnerung an das Heile, das Paradiesische, ob es nun das Paradies gegeben hat oder nicht. Entweder gibt es eine Erinnerung, dass es einmal so war, oder es gibt die Sehnsucht, dass es einmal so sein wird. Entweder liegt das Paradies hinter uns, oder es liegt vor uns. Ganz sicher ist, dass es zum Menschen dazugehört, sich danach auszustrecken. In dem äußeren Schönen können wir ein Stück von unserer inneren Sehnsucht ausdrücken und deutlich machen. Sie wird fassbar, sichtbar, hörbar, spürbar.
Aber so, wie wir insgesamt die Bedürfnisse unserer Seele oft nicht wahrnehmen, und selbst wenn wir sie wahrnehmen, nicht ernst nehmen, so belächeln wir leider zu oft diese Sehnsucht nach dem Schönen und betrügen uns damit um ein Stück fassbaren Paradieses.

November 24

Schön

Ich neige mich über die Vase,
deren Form die Heilheit der Seele
ihres Schöpfers ausdrückt.

Die Formen und Farben dieses Bildes
lassen etwas durch,
das von jenseits unserer Worte kommt
und keine Worte braucht.

Und wenn ich
zwischen den Räumen dieser Zimmer
hin und her gehe,
spüre ich den Raum,
den meine Seele abfliegt
in ihren Befreiungsversuchen.

Ich habe keine Mühe,
bis an die äußerste Spitze
eines Baumes zu klettern,
um von dort die Welt zu betrachten
und leicht wie eine Feder zu werden.

Im Kelch einer Blume ist Platz für mich.
Dort werde ich bestäubt
von der Schönheit der Welt.

25 November

Es ist eine seltsame Verirrung, die in verschiedenen Religionen zu finden ist, die die äußere, fassbare Welt gegen die innere, spirituelle Welt setzt.
Ich kann es mir nicht anders vorstellen, als dass diese Einstellung aus einer gewissen Angst geboren wurde. Die Angst, man könne durch die äußere Welt von der inneren Welt weggesteuert werden.
Dabei sind die beiden Welten eins, und die eine wirklich in sich zu tragen, nicht nur als Rechtfertigung oder als Vorzeigestück, heißt auch immer, die andere Welt in sich zu tragen.

November 26

Alles Irdische, Fassbare ist vergänglich. Das heißt aber nicht, dass es wertlos wäre. Es gibt den Gedanken, dass nur das Ewige wertvoll sei. Dies ist eine Missachtung der ganzen Welt um uns und in uns. Ich bemühe mich darum, das Fassbare auf wenigstens zwei Ebenen zu verstehen. Einmal als es selbst in seiner Einmaligkeit, und zum zweiten als eine Chiffre für die unsichtbare Welt. Vielleicht gibt es die eine nur mit der anderen Welt. Vielleicht gibt es mich nur als Körper, weil es mich gleichzeitig auch als Geist, als transzendente Wirklichkeit gibt.

27 November

Bunt wie die Blumen

Ich spüre,
wie tief die Rillen sind,
in denen zu denken
ich gewohnt bin.
Aber links und rechts
sind weite Felder,
auf denen Blumen
in vielen Farben
über nahe liegende Hügel davonwachsen.
Sollte ich mich da herausnehmen
und einfarbig bleiben?

November 28

So, wie es gewisse Lebensgesetze zu geben scheint, nach denen sich das Leben allgemein entfaltet, so hat ein jeder Mensch auch gewisse Gesetze, nach denen sich das Leben dieses Menschen ausbreitet. Diese Gesetze oder Gesetzmäßigkeiten sind ganz einmalig und gelten zunächst nur für diesen einen Menschen.

Es ist Aufgabe eines jeden von uns, diese Gesetze in uns selbst zu entdecken. Zu oft richten wir uns nach den Gesetzen anderer und scheitern an ihnen. Ein jeder Mensch hat eine ganz eigene Art, zu träumen, Konflikte zu lösen, Enttäuschungen zu verarbeiten, sich mit Gott zu beschäftigen, mit den eigenen Fehlern umzugehen. Ein jeder ist eine Kombination von Mut und Angst, von Glück und Trauer. In all diesen Vorgängen entwickeln wir im Laufe unseres Lebens Formen und Abläufe, mit denen wir am besten leben können. Das sind die Gesetze des einzelnen. Dagegen stehen die verallgemeinerten Gesetze, die versuchen, sich mit dem übergroßen „man" in unserem Leben zu behaupten. Aber sind es unsere eigenen Gesetze?

Inwendige Landschaft

Das Licht fällt ab
in einer unendlichen Abstufung von Grautönen,
hier in meinem Zimmer, auf Wänden und Büchern,
dann vor dem Fenster im kahlen Ahorn
und dann auf den Dächern und Häusern unter mir,
bis hin zum Wasser des Pazifik,
und von dort aufwärts
zu den Bergen bis zum Horizont,
der mit den Wolken verschmilzt.

So wie das Tageslicht zurückgeht,
so beginnt sich Licht in mir zu bilden,
und Landschaften steigen
aus inneren Welten auf,
zart und verwegen, fern und nah.
Für jeden Grauton um mich
gibt es eine leuchtende Farbe
in mir.

November 30

Dezember

Es gehört einfach dazu, dass sich manchmal alles in unserem Leben verschließt. Da lohnt es nicht, morgens aufzustehen. Da ist jede Tätigkeit leer und sinnlos. Selbst das Negative unseres Lebens, das, was uns sonst beängstigt, hat seinen Biss verloren. Es macht alles nichts aus – es kann so oder so kommen, es rührt uns nicht. Wir schlafen uns durch die Tage, und eine Veränderung scheint nicht in Sicht zu sein. Weil wir uns selbst nicht verstehen, sind uns die, die uns verstehen wollen, manchmal nur lästig. Sogar das Wetter scheint sich gegen uns zu verschwören – tagelang ist es bedeckt, und es regnet, als gäbe es eine neue Sintflut.

Es ist Winter. Es kann dann sein, dass wir nichts weiter können, als nur zu überleben. Kannst du dir das erlauben?

1 Dezember

Ob aus schwierigen Zeiten in unserem Leben etwas wird, das uns aufbaut und weiterhilft, hängt manchmal von unserem Selbstmitleid und unserer Härte uns selbst gegenüber ab.
Die Dinge, die uns zerstören, tun dieses meistens durch ihre schleichende, kontinuierliche Art. Es ist der stete Tropfen, der den Stein höhlt. Und das Ausgehöhlt-Werden ist kaum zu bemerken, weil der Unterschied von einem zum anderen Tag fast unmerklich ist. Selbstmitleid lässt uns nicht wahrnehmen, dass gelegentlich ein Lichtstrahl auf uns fällt. Selbstmitleid hält uns blind. Wir machen damit das Schwere in unserem Leben billig und geben unserem Leid etwas Kindisches. In unserer Zimperlichkeit begegnen wir dem Leben nicht mehr wirklich, und machen uns lächerlich.
Das Schwere unseres Lebens edelt uns, oder es macht uns kleinlich und bitter. Es liegt an uns und unserer Einstellung zum Selbstmitleid.

Es ist wichtig, dass du deine Schwere, das Gewicht deines Lebens nicht herabmindern und klein und unwichtig machen lässt von andern. Das, was du mit deiner Schwere machst, machst du mit dir selbst, weil sie ein Teil von dir ist.

Wie schnell wünschen wir einander, dass die Schwere, das Leid, die Sinnlosigkeit vorbeigehen mögen. Wenn es uns gelingt, wähnen wir uns ein Stück sicherer. Aber so nehmen wir uns auch den Grund und Boden, aus dem wir wachsen und uns verwandeln.

3 Dezember

Was mir gehört

Ich lasse die stille Illusion los,
dass ich etwas besitze oder besitzen kann.
Alles gehört der Zeit,
und irgendwann wird alles,
was ich besitze,
jemandem gehören,
den ich noch nicht einmal kenne.

So werde ich frei,
um die Dinge, Menschen und Gedanken
viel weiter nach innen zu nehmen,
wo sie mir gehören,
wenn sie mich verändern.
Und wo ich ihnen gehöre,
wenn ich sie in mir bewege.

Es ist wichtig, dass wir ab und zu Schnitte in unserem Leben vornehmen. Große und kleine Schnitte. Ähnlich wie die Jahreszeiten Schnitte vornehmen. Der herbe Schnitt des Winters – die Kälte zieht ein und vernichtet das Leben, das sich nicht schützen kann. Der Schnitt, der durch den Frühling geschieht – die Wärme erlaubt dem Schnee nicht, sich noch zu halten. Schnitte machen das Nachfolgende überhaupt erst möglich. Ohne sie leben wir immer weiter in dem, was bereits vergangen ist. Wir erhalten es künstlich.

5 Dezember

Es reicht nicht aus, dass wir uns unserer Einmaligkeit bewusst werden, wenn dieses Bewusstsein einen unüberbrückbaren Graben zwischen uns und anderen schafft. Individuation, Rückkehr zu sich selbst, Selbstbewusstheit, sie sind alle unumgängliche Schritte im Reifeprozess, aber sie müssen irgendwann zu einem größeren sozialen Bewusstsein führen. Wir dürfen nicht unsere ganze Energie verbrauchen, um zu uns selbst zurückzufinden, und dann dabei stehen bleiben.
Jede echte Rückkehr zu sich selbst ist letztlich auch ein Entdecken der Welt, in der wir leben, weil da, wo wir zu uns selbst kommen, wir auch immer zu unserer sozialen Seite zurückkehren, die unzertrennlich zu uns gehört.

Dezember 6

Es reicht nicht aus, immer intensiver an der Welt um uns teilzuhaben, mit ihr zu leiden und für sie einzustehen, wenn wir in dieser Identifikation und Aufopferung uns selbst aus den Augen verlieren. Auch wir selbst sind ein Teil der Welt, der gewürdigt werden will.
Jeder echte Einsatz für die Welt konfrontiert uns mit unseren Möglichkeiten und Grenzen und vermittelt uns damit Einsichten über uns selbst.

7 Dezember

Die wirklich reifen Menschen haben Ichstärke einerseits und Einsatz für die Welt andererseits immer als miteinander verbunden verstanden. Sie haben eins durch das andere gelebt. Da, wo wir die beiden voneinander trennen, laufen wir Gefahr, sektiererisch zu werden.
Reife integriert, Unreife trennt. Ob der einzelne, die einzelne, also du und ich, das begreifen, wird darüber entscheiden, ob die Menschheit als Ganzes sich weiterentwickelt.

Dezember 8

Das Gewesene ist nicht vorbei. Es wirkt mächtig weiter. Nur wenn wir es begreifen, verliert es seine zerstörerische Gewalt. Wir sind immer auch, was wir waren.

9 Dezember

Die Welt, in der ein jeder und eine jede von uns lebt, ist ein Mikrokosmos der größeren Welt. In einem jeden persönlichen Leben gibt es Entsprechungen zu internationalen Konflikten, zu Kriegen, zu Umweltverwüstungen, zu Rassismus und Genozid. So, wie es im Großen ist, ist es zuerst im Kleinen. Die große Welt um uns ist Ausdruck der Welt in uns.
Dass diese Entsprechungen in unserem Leben uns nicht so deutlich und vielleicht auch so wichtig sind, macht es möglich, dass sie im größeren Rahmen immer weiter geschehen können. Die Veränderung der Welt beginnt immer, ausnahmslos, im eigenen Herzen.

Dezember 10

Kennst du die Tage, an denen nichts hilft? Alles bleibt irgendwie leer. Durch nichts kannst du einen Wert herstellen.
Auch das ist eine Form des Lebens. Auch diese Form, diese Gestalt des Lebens gilt es auszuhalten. Ich glaube, es ist ein Zeichen von Reife und innerer Stärke, diese Leere nicht eifrig mit einem uns bekannten Sinn zu füllen, mit bekannten Formeln, mit spirituellen Wahrheiten. Es ist ein Aushalten des Chaos, aus dem die Welt auch besteht und durch das sie immer wieder geht. Vielleicht könnten wir einander gerade in diesen Zeiten am nächsten sein, wenn wir nicht so täten, als gäbe es sie nicht.
Ich feiere deinen Mut, diese Tage auszuhalten, ohne die Not zu verdrängen oder einen Schuldigen zu suchen.

Dezember 11

Es geht sehr still zu

Es geht sehr still zu.
Der Mond hat sich noch einmal
von den Wolken freigekämpft.
Es wird heute Nacht kalt werden.
Die Stadt hat ihre Geräusche reduziert.
Ich erlebe den Tag noch einmal:
die Wiederholungen, in denen ich mich auskenne,
die Treue der Stunden und Minuten,
in die ich mich hineinfüge,
die Begegnungen, die mich geweckt haben.
Besondere Ereignisse sind ausgeblieben,
und ich bin mit meinem Denken
nicht um die Ecke gekommen,
an der ich meistens scheitere.

Und doch ist es gut so.
Das Leben ist um einen Tag verlängert worden.
Vielleicht sammle ich Kraft,
um irgendwann, wenn es von mir gefordert wird,
das tun zu können, was nötig ist.
So ahne ich, dass auch dieser leere Tag
voller Bedeutung war.

Es kann die höchste Form des Glaubens sein, zu der wir fähig sind, die Leere und Unverständlichkeit, die wir in unserem Leben erleben, nicht mit einer Ordnung zu füllen, sondern sie auszuhalten. Das heißt zu glauben, dass es nicht an unserer Findigkeit und Glaubensfähigkeit liegt, dass die Welt sinnvoll ist. Es würde auch heißen, der Angst vor dem Chaos, die wir tief in uns tragen, nicht nachzugeben. Lebendig zu sein heißt auch, das Chaos zu bejahen, ohne sofort mit einem Auge schon wieder nach einer Ordnung zu schielen.
Ich spüre auch die Befreiung, die von dem Gedanken ausgeht, dass nicht alles einen Sinn hat. Auch ich darf in diesen Momenten sinnlos sein, sinn-los, nur noch sein, mein Wesen spüren. So gelange ich über alle Systeme und Strukturen hinaus, aber ich erlebe auch die Direktheit und Lebendigkeit des Lebens.

13 Dezember

Das Bejahen des Lebens unter dem Zeichen der Hoffnung ist für viele Menschen, besonders für die, die bestrebt sind, intellektuell und geistig redlich zu leben, ein Ausdruck von Blauäugigkeit. Wenn die Welt übel aussieht, dann kann man nicht hoffen – wenn man noch hofft, scheint man den Kopf in den Sand zu stecken, meinen sie. Aber gerade wenn die Welt hoffnungslos aussieht, brauchen wir Menschen mit einer übergroßen Hoffnung. Wenn es bereits hoffnungsvoll aussieht, ist die Hoffnung nicht mehr so nötig – es geht ja schon. Die wahre Hoffnung entsteht eigentlich nur da, wo es hoffnungslos aussieht, ähnlich wie der Mut nur in der Angstsituation entstehen kann. Ohne Angst gibt es keinen Mut, ohne Ausweglosigkeit gibt es keine Hoffnung.

Dezember 14

Mutig steil

Mutig steil
steht der Falke im Wind,
verschwendet Energie
gegen die Wucht der Luft
und zieht so die Kraft auf sich,
die ihn zerstören könnte,
bis er plötzlich abwinkelt,
die Luftmauer durchbricht
und in sich die Begrenzung überfliegt,
als kenne er keine Regeln,
verwandelt von dem Widerstand,
den er an sich ertrug.

15 Dezember

Weihnachten

Zeit der besonderen Schmerzen,
der stechenden Einsamkeit für viele,
Zeit, in der die eigene Leere auftaucht
wie ein Gespenst
und Kerzen und Atmosphäre
sie nicht zudecken können.

Gesucht sind da Menschen,
wie du und ich,
die Hoffnung haben,
die Wärme verbreiten können,
die echtes Interesse am andern haben
und glauben,
dass Gott sich dem Menschen zuwendet
in Liebe,
schon immer
und gerade
jetzt.

Was wir nicht hören

Es gibt nichts,
was nicht spricht.
Was wir nicht hören,
hat vielleicht nur noch nicht
unsere Sprache angenommen,
oder wir warten auf das Laute,
auf den uns bekannten Lärm des Lebens,
anstatt auf die zarten,
fast unhörbaren Geräusche
einer andersartigen Wirklichkeit zu achten.
Gerade sie ist es,
die uns aufschließt für die Wunder,
die wir noch nicht kannten.

17 Dezember

Es gibt ein Handeln im Leben, auf das wir uns oft nur unbewusst einlassen. Besser wäre es, es bewusst zu tun. Es geht da um Tauschgeschäfte. Wir wissen, dass wir das eine hergeben müssen, um das andere zu erhalten. Wir überlegen, ob es uns das wert ist.
Mache eine Liste mit Werten (oder nimm die folgende) und vergib Punkte von 1 bis 10 an die verschiedenen Posten. Was sind sie dir wert?

- deine Unabhängigkeit
- freie Zeit
- Zeit für deine Freunde
- Zeit für deine Familie
- deine Ehrlichkeit
- Berufserfolg
- Geld
- deine eigene Meinung
- Ansehen vor anderen
- Vertrauen deiner Freunde

Setzt du da, wo du einen hohen Wert angegeben hast, auch viel dafür ein? Wie sieht dein Einsatz aus?

Dezember 18

In unserer Zeit, wie vielleicht in keiner vor ihr, kommen die persönlichen mit den globalen Problemen zusammen und bilden eine Einheit. Es ist letztlich nicht mehr möglich, sich auf Dauer zurückzuziehen und irgendwo ein heiles Leben zu leben.
Sogar in den Gewässern nahe dem Südpol, weit weg von den industriellen Zentren der Menschen, sterben die Wale in dem Wasser, das wir Tausende von Kilometern weiter mit unseren Chemikalien verschmutzt haben. Und an dem Töten irgendwo auf der Welt verliert ein Mensch an seinem Fernseher auf der anderen Seite der Erde den Mut, selber weiterzuleben. In unseren großen Städten können wir bald nicht mehr atmen, weil wir unseren Geist ersticken. Vielleicht hören sich Nationen nicht mehr, weil wir unsere eigenen Seelen nicht mehr hören. Unsere Flüsse sind verstopft mit Unrat, weil unsere Blutbahnen verstopft sind mit verseuchten Speisen.
Alles ist mit allem verbunden, und darum kann auch nur das eine gelöst werden, wenn an alles gedacht wird. Und das eine wirklich zu lösen wird Konsequenzen für alles andere haben.

19 Dezember

Wenn wir lernen, warten zu können, bis etwas reif ist, werden wir die Zeit als Schlüssel zum Leben, als Tor zur Freiheit entdecken.

Dezember 20

Es ist wichtig, die verschiedenen Splitter unseres Lebens zusammenzufügen und daraus etwas zu machen, das auf ein Ziel zugeht. Ziel verstehe ich im Sinne von Bedeutung. Wir leiden daran, dass unser Leben keine Bedeutung hat. Die vielen Kleinigkeiten unseres Lebens scheinen bedeutungslos. Wenn es uns aber gelänge, sie zusammenzufügen und in den Dienst einer Bedeutung zu stellen, wir würden ein Ziel gewinnen, das uns beseelen würde.
Bedeutung muss gegeben werden, sie ist nicht automatisch da. Wenn es für mich bedeutungsvoll ist, bewusst zu leben, dann gebe ich der Bewusstheit einen Wert. Diesen Wert verfolge ich – ich kann ihn den ganzen Tag „üben". Ich kann mich informieren, darüber mit anderen reden, Bücher lesen, wach sein in meinen Beziehungen zu Menschen, Umstände bewusster erleben und an Bewusstheit in jedem Bereich meines Lebens wachsen.
In dieser Einstellung kann ich die Splitter meines Lebens in eine Mitte holen, wo sie nicht nur Splitter, sondern Teil eines Mosaiks sind.

21 Dezember

In uns, in uns

Wenn der Friede,
der die Welt wie eine liebende Hand
umspannen soll,
nicht in uns beginnt,
wenn wir nicht begreifen,
dass wir zu einer Familie gehören,
dass jeder von uns Bruder und Schwester,
Mutter, Vater und Kind ist,
dann werden keine Reden und Feiern,
keine Formeln und Anrufe
uns retten
vor der Zerstörung,
die auch in uns
beginnt.

Dezember 22

Letztlich sehen wir mit unserem Herzen. Ob wir die Wunder wahrnehmen, oder ob wir blind sind: Beides ist Ausdruck unseres Herzens.

23 Dezember

In das Dunkel hinein

Weihnachten
ist eine Zeit der Schöpfung.
Ob in Bethlehem oder hier,
ob äußerlich oder innerlich,
ob in mir oder in dir,
wichtig ist,
dass Leben,
göttliches und menschliches Leben,
lebenswertes Leben
möglich wird
in dem Dunkel
und Chaos
der Welt.

Dezember 24

Tiefer sehen

Das Unbeträchtliche wieder betrachten,
dem hilflos Kleinen eine Chance geben,
das Unscheinbare leuchten lassen,
dem Machtlosen die Stärke ansehen,
das Niedrige hoch achten
und an die Veränderung glauben,

das ist Weihnachten,
damals und heute.

25 Dezember

Durch das Leben selbst haben wir die Chance, unsere Vorstellung vom Leben korrigiert zu bekommen. Wir leiden am Leben, weil wir eine Vorstellung vom Leben haben, die aus einer Illusion entstanden ist. Wir haben die Wahl, weiter an der Illusion festzuhalten oder uns vom Leben korrigieren zu lassen. Das zu erlauben ist mit Leid verbunden. Es nicht zu erlauben ist mit Leid verbunden. Aber nur beim ersten wachsen wir, während wir beim zweiten verknöchern und verbittern.

Dezember 26

Wenn du dir mehr wünschst, musst du etwas von dem weggeben, was du hast.

27 Dezember

Zeit

Wo Zeit ist, kommt nicht nur Rat,
sondern eine ganze Anzahl von guten Dingen.
Wo Zeit ist, ist weniger Ungeduld.
Wo Zeit ist, ist weniger Frustration.
Wo Zeit ist, können wir besser hören.
Wo Zeit ist, entsteht Liebe eher.
Wo Zeit ist,
können wir Kleinigkeiten besser genießen.
Wo Zeit ist, ist weniger Ärger.
Wo Zeit ist, wird die innere Stimme hörbarer.
Wo Zeit ist, entstehen die Dinge, die Zeit brauchen.
Wo Zeit ist, wird liebevoller gehandelt.
Wo Zeit ist, ist Zeit zum Zeithaben.
Am Ende eines Jahres rückt unser Zeitempfinden wieder stärker in den Mittelpunkt unseres Denkens. War das letzte Jahr für dich nur ein Wettrennen mit der Zeit? Was hast du dabei alles geopfert, was dir wichtig war? Wird das neue Jahr ähnlich sein?

Du bekommst, was du gibst

Herb und abweisend
kann die Welt sein,
und schwer ist es dann,
Liebe zu finden.
Verschlossen sind die Menschen,
und niemand scheint Wärme zu geben.

Dann gilt es,
den ersten Schritt zu tun.
Ein Licht zu setzen.
In der Hoffnungslosigkeit
Zeit und Worte zu finden
für den anderen.
Nichts weniger als dich selbst zu geben,
und so die Wärme zu finden,
die du gesucht hast.

Unser ganzes erwachsenes Leben besteht daraus, Entscheidungen zu treffen. Nichts macht uns so unfrei, wie wenn wir dieses nicht anerkennen und annehmen. In dem Maße, wie wir die Entscheidungen entweder den Umständen, anderen Menschen oder Gott zuschieben, in dem Maße werden wir uns unfrei fühlen, und es wird nicht lange dauern, bis wir uns selbst leid tun werden in der Opferrolle. Nichts holt uns so da heraus, als wenn wir mutig entscheiden, wie wir leben wollen, mit allen Fehlern, die wir dabei machen werden.
Wahre Liebe für sich selbst und andere ist nicht ohne schwere Entscheidungen zu leben.

Dezember 30

Wir haben nur diesen Moment

Komm,
wir wollen die Zeit anhalten,
hier und jetzt sein.
Von Moment zu Moment
die Dichte des Lebens spüren,
Vergangenheit und Zukunft
wie Ballast abstoßen
und die Gegenwart packen
wie einen auf die Erde gefallenen Himmel.

Wir haben nichts als diesen Moment.
Alles Leben und Lieben
muss jetzt geschehen.

31 Dezember

Ideenregister

Anmerkung
Ich danke Klaus Gruber in Heidelberg ganz herzlich für seine Hilfsbereitschaft und Geduld wenn ich mal wieder mit dem Software Programm QuarkXPress oder anderen Computerfragen nicht klar kam. Durch seinen Einsatz war es mir möglich, die innere Form des Buches so zu gestalten, wie sie hier vorliegt.
Es hat mir viel Spaß gemacht, die Pinselgrafiken zu malen und dann auch in das Buch einzubauen. Es gibt viele Möglichkeiten, einen Strich über ein Datum zu ziehen.

Ulrich Schaffer bei Herder

Ulrich Schaffer
Wenn die Stille spricht
Im Tagebuch sich selbst begegnen
Band 5038

Im Innehalten und Nachdenken wird das Leben voller, reicher, intensiver. Inspirierende Anregungen zum Tagebuchschreiben.

Ulrich Schaffer
Wesentlich werden
Band 5043

Zu wissen, worauf es ankommt wird zur Lebensweisheit. Das Wesentliche zu entdecken heißt Intensität und Lebendigkeit gewinnen.

Ulrich Schaffer
Sammle mir Kiesel am Fluß
Mehr als eine Liebesgeschichte
Band 5001

Mit den Kieseln ist es wie mit den Menschen. Jeder ist einzigartig. Die Sprache der Kiesel zu verstehen, heißt das Geheimnis der Liebe zu kennen.

Ulrich Schaffer
Verwurzelt wie ein Baum
oder Wachsen ins Leben
Band 5184

Ulrich Schaffer geht der Symbolkraft des Baumes nach: Poesie und Inspiration, die einlädt, in unsere einmalige Gestalt hineinzuwachsen.

Khalil Gibran
Der Prophet
Neu übertragen von Ulrich Schaffer
Band 5089

Das Kultbuch des großen arabischen Dichters: Ulrich Schaffer erschließt einen leichten und poetischen Zugang zu dem alten, weisheitlichen Text.

HERDER spektrum

Gelassen durchs Leben

Dalai Lama
Tag für Tag zur Mitte finden
Lesebuch durch das Jahr
Band 5236

Zweitausendjährige buddhistische Tradition und Lebenserfahrung des Dalai Lama in inspirierenden Impulsen für Lebensklugheit und Gelassenheit.

Johannes Pausch/Gert Böhm
Was der Seele gut tut
Im richtigen Rhythmus leben
Band 5237

Erst wenn körperliche, seelische und spirituelle Ebene im Einklang sind, fühlen wir uns wirklich wohl. Mit vielen Übungen und Beispielen.

Pierre Stutz
Meditationen zum Gelassenwerden
Band 4975

Konkrete Übungen und Rituale, die helfen, mitten im Stress die Aufmerksamkeit für das Wesentliche zurückzugewinnen.

Pierre Stutz
Was meinem Leben Tiefe gibt
Band 5296

Den Alltag verwandeln: Konkrete Übungen, Meditationen und Rituale, die die Routine unterbrechen, Stress verhindern und zum Wesentlichen führen.

Pierre Stutz
Ein Stück Himmel im Alltag
Sieben Schritte zu mehr Lebendigkeit
Band 5036

Mit konkreten spirituellen Übungen zeigt der bekannte Autor, wie wir die Quellen der eigenen Lebendigkeit wieder entdecken können.

Anselm Grün bei Herder

Anselm Grün
Vergiss das Beste nicht
Inspiration für jeden Tag
Band 4864
365 Anregungen, die der Seele gut tun.

Anselm Grün
50 Engel für die Seele
Band 5277
Anselm Grün ermutigt auf wohltuend vertraute und inspirierende Weise, sich auf die Kräfte einzulassen, die unser Leben beflügeln können.

Anselm Grün
50 Engel für das Jahr
Ein Inspirationsbuch
Band 4902
Die 50 Engel des Jahres sind inspirierende und diskrete Begleiter des Alltags. Ein „himmlisches" Buch, zum Schmökern und Verschenken.

Anselm Grün
50 Helfer in der Not
Die Heiligen fürs Leben entdecken
Band 5288
Die Geschichten der Heiligen – neu erzählt und faszinierend ausgelegt – geben neue Perspektiven in unserem Leben.

Anselm Grün
Jeder Mensch hat einen Engel
Band 4885
Engel: Jeder Mensch braucht im Haus seiner Seele besondere Räume des Schutzes, des schöpferischen Versunkenseins. Ein spirituelles und anregendes Buch.

HERDER spektrum

Neue Perspektiven

Ingrid Riedel
Unergründlich wie das Meer
oder die Faszination der Tiefe
Band 5260

Die Sehnsucht findet ihr Seelen-Bild in der Welt der Tiefe. Ingrid Riedel lotet diese Tiefen aus und führt uns auf eine lustvolle Entdeckungsreise in die eigene Seele.

Barbara Frei
Schwerelos wie die Feder
oder die Leichtigkeit des Seins
Band 5181

Weisheitsgeschichten, luftige Inspirationen lassen heitere Gelassenheit und tiefere Freiheit entdecken.

Irmtraud Tarr
Fest wie ein Stein
oder sich selbst treu sein
Band 5185

In einer immer wandlungsfähigeren Welt stellt der Stein ein Symbol der Beständigkeit dar und ermutigt zu authentischem Leben.

Uwe Wolff
Geheimnisvoll wie die Muschel
oder Staunen über den inneren Reichtum
Band 5183

Muscheln lassen uns das Geheimnis der Mitte und des inneren Reichtums spüren. Sie lehren ein neues Sehen und das Staunen über die Vielfalt der Farben und Formen.

Vera Zingsem
Klar wie das Wasser
oder zur eigenen Quelle finden
Band 5182

Dem Fluss des Lebens vertrauen und zur Quelle eigener Ressourcen finden – dazu lädt dieses Buch ein.